KB236173

돈이 MONEY?

– 디지털머니로 여는 접속의 시대 –

탁승호

사람은 태어나서 죽을 때까지 돈 없이는 못산다. 의식주를 해결하려면 돈이 필요하고, 어쩌면 한평생 돈 벌기 위해 고생하는지도 모른다. "무전유죄, 유전무죄無錢有罪, 有錢無罪", "돈만 있으면 귀신도 부릴 수 있다有錢使鬼神"라는 말들은 바로 돈의 속성으로 빚어지는 우리들 삶의 애환을 의미하는 게 아닌가 싶다.

돈이 필요없는 세상이면 모두들 행복할텐데 하고 상상해 본 시절이 있었다. 그렇지만, 까마득한 옛날에도 돈은 있었다. 지금과 같은 형태의 돈이 없었을 뿐이지 곡물이나 직물, 조개껍질같은 것들이 돈화폐의 역할을 했다. 그러다가 금화, 은화가 나오고 지폐가 유통되기 시작했으며, 현재와 같은 은행권의 형태를 갖추게 된 것은 17세기말 영란은행에서 비롯되었다. 그 동안 돈은 문명의 발전과 시대의 변천에 따라 끊임없이 진화하며 발전을 거듭해 온 것이다.

디지털시대를 맞아 돈은 새로운 진화를 또 시작했다. '디지털머니'로 말이다. 워낙 획기적인 진화라 화폐혁명이라 불릴 정도이다. 디지털머니는 형태가 없어 눈에 보이진 않지만 카드나 모바일^{스마트폰} 또는 네트워크의 접속을 통해 전자적 기호를 주고받는다. 리프킨^{J. Rifkin}의 말처럼 접속의 시대^{Age of Access}에서는 물질적 형태의 소유나 교환은 사라지고, 네트워크 접속을 통해 정보가 교환되어 결제가 이루어지는 세상이다. 신용카드나 교통카드, 인터넷뱅킹, 모바일뱅킹 등에 이미 익숙한 사람들은 전연 낯선 소리가 아니고 충분히 공감가는 이야기일 것이다.

앞으로도 돈은 계속 진화를 할 것이다. 어쩌면 우리 몸속에 칩이나 바코드를 심거나 또는 생체정보가 결제수단으로 활용되는 날이 머지않아 올지도 모르겠다. 세계 최초로 휴대폰을 개발한 마틴 쿠퍼^{Martin Cooper}에 의하면 미래의 휴대폰은 인간의 귀에 심어져 몸의 일부가 될 것이라 하지 않았던가? 이쯤 되면 공상 과학드라마에 나오는 소위 '호모 사이보그^{Homo Cyborg}'가 현실화되는 셈이다.

필자는 한국은행과 금융결제원에서 30여년 근무하면서 지급결제분야의 전문가로 인정받고, 그것이 인연이 되어 대학교수가 되어 강단에서 후학들에게 신용카드와 전자금융분야를 강의하다보니 대학졸업 후 어느덧 40여년의 세월이 흘렀다. 지난 40년은 우리나라가 산업화와 민주화의 과정을 통해 개발도상국에서 경제발전국으로 도약한 시기이며 우리나라의 지급결제제도가 세계 최고라 할 만큼 괄목한 발전을 이루어 온 시기이기도 하다. 세월의 여울목에서 필자 또한 숨 가쁘게 열심히 살면서 그러한 역사적 과정에 동참했다는 사실이 스스로 뿌듯하고 고마울 때가 있다.

한국은행이 지급결제제도의 정책수행기관이고, 금융결제원이 지급결제제도의 운영기관이라면, 대학은 이를 학문적으로 연구하는 기관이라 할 수 있겠는데, 필자의 경우 운좋게도 위의 3군데를 모두 거쳤으니, "서당개 삼년이면 풍월을 읊는다"고 전문가소리를 들어도 괜찮지 않나하는 생각이 들기도 한다.

선진국들이 100여년 가까이 걸린 지급결제제도의 발전과정을 우리는 30~40년의 짧은 기간에 압축하여 비약적인 발전을 거두었다. 이제는 외국에서 우리를 벤치마킹할 만큼 지급결제 선진국이 되었다. 이용자의 입장에서 보더라도 아마 우리나라의 지급결제서비스가 세계에서 가장 편리한 것으로 생각되며, 예컨대 타행으로 보내는 송금이 실시간으로 이루어지는 경우는 우리나라 외에는 아직 없다고 해도 과언이 아닐 것이다.

그렇지만 아쉽게도 지급결제에 대한 일반국민의 인식이 낮고 지급결제분야의 전문가들이나 학자들의 저변도 그리 넓지 못한 것이 우리의 현실이다. 물론 15~20년 전에 필자가 지급결제관련 책전자화폐와 결제시스템을 출간할 당시만 해도 지급결제라는 용어자체가 아주 생소한 시절이었으나 이제는 경제신문이나 매스컴에서 지급결제라는 용어가 하루가 멀다하고 나올 정도가 되었다. 그렇지만 아직 일반의 관심이 높다고 할 정도는 아니다.

이것이 필자가 이 책을 쓰게 된 동기이다. 이 책은 그 동안 필자가 매일경제, 서울경제, 전자신문 및 잡지 등에 기고했던 칼럼들과 대학원 강의, 외부특강 원고들 가운데 가급적 일반인들도 쉽게 읽을 수 있는 글들만을 모아 놓은 것이다. 바뀐 내용을 일부 수정한 것을 제외하고는 다소 중복되는 부분이 있더라도 가급적 그대로 게재하였다. 지금 다시 읽어보니 필자의 생각과 전망대로 이루어진 것들도 있고 그렇지 못한 것들도 있다. 어쩌면 아직은 실현되지 않았지만 언젠가 이루어지지 않을까 하는 내용들도 있다.

아무쪼록 이 책이 디지털시대, 디지털화폐의 모습을 이해하고 나아가서 지급결제에 대한 일반인들의 인식과 관심을 높이는 데 조금이나마 도움이 되기를 기대하면서 이 책을 출간해준 (주)박영사의 안종만 회장님과 조성호 부장 그리고 정성껏 편집해 주신 최상욱 팀장, 강상희 대리에게 감사의 마음을 전한다.

저자 탁 승 호

|차 례|

제1장

인류문명의 새로운 패러다임
—화폐혁명

- 정보통신혁명과 금융혁신
- 전자화폐시대를 예고한다
- 돈을 깨끗이 쓰고 소중히 다루자
- 수표제도를 개선하자
- 화폐혁명이 가져올 새로운 패러다임
- 디지털사회는 풍요롭다
- 디지털사회의 이모저모
- 현금, 지갑이여 안녕!
- 미래는 신용사회
- 21세기는 디지털시대

* 차 한 잔의 단상斷想—갈, 봄, 여름 없이 산이 좋아

정보통신혁명과 금융혁신

21세기를 목전에 두고 우리는 지금 한창 비약적인, 어떤 의미에서는 혁명적 변화라고도 할 수 있는 정보통신혁명시대에 살고 있다. 정보혁명 또는 정보통신혁명은 단순히 기술적 혁명에 그치지 않고 경제, 사회, 정치, 문화적으로 중대한 변화와 광범위한 영향을 미칠 것으로 보인다.

정보혁명이 정치 사회구조나 형태에 미칠 영향에 대해서는 학자들 간에 이견이 있지만 피터 드러커, 앨빈 토플러 등 많은 학자들은 대체로 전통적 관료체제의 축소, 분권화의 촉진, 조직의 평면화^{flattening}, 중간관리층의 소멸현상 등이 나타날 것으로 예측하고 있다. 정보화에 따른 생산성과 효율을 증대시켜 신속한 정책결정을 하기 위해서는 공적조

직의 리스트럭처링restructuring이 불가피하기 때문이다.

이러한 현상은 미국이나 일본과 같이 정보화사회에 진입한 국가에서 탈 관료화 및 행정개혁 등의 양상으로 이미 진행되고 있다. 정보혁명이 경영·경제에 미치는 효과는 더욱 강력하다. 최고 경영층은 새로운 정보시스템을 통하여 구태여 중간관리층에 의존하지 않고도 복합적 조직을 운영할 수 있게 되었다. 또한 시장은 종래의 장소적 개념에서 벗어나 시공을 초월한 전자적 네트워크의 개념으로 바뀌어 세계 전역에서 실시간real time으로 거래가 이루어진다.

정보지배사회에서는 정보가 귀중한 자본으로 간주되며 현금 및 실물 대신에 상호간 정보를 전송하고 이에 따라 각국의 금융자본시장에도 즉각적 영향과 변동을 미치게 된다. 리스턴Wriston의 말대로 이른바 새로운 정보본위제information standard가 금본위제gold standard를 대체하는 것이다.

아울러 정보통신혁명은 금융 중개비용의 지속적 절감과 금융시장의 효율성 증진을 통해 금융산업 및 실물부문의 경쟁력을 강화 시키는 효과가 있다. 왜냐하면 금융의 전자화는 금융기관이 전통적인 예대

업무 부담에서 해방되어 수익관리, 고객정보관리, 리스크 관리 등과 같은 새로운 경영정보전략 업무에 집중함으로써 정보통신사회에 필수적인 경쟁력을 배양할 수 있도록 하기 때문이다.

일반적으로 정보통신기술이 금융에 영향을 미치는 과정은 대략 세 단계로 구분할 수 있는데 기존 금융업무의 합리화 내지 효율화를 추진하는 초보적 단계, 업무영역의 확대와 이른바 금융혁신financial innovation이 추구되는 중간단계를 거쳐서 마지막 단계라 할 수 있는 경영정보판단시스템의 지향단계로 이행하게 된다.

마지막 단계야말로 향후 금융산업의 발전과 관련해서 본격적인 진전이 예상되는 분야로서 금융전산화는 이제까지의 효율성 추구 위주의 차원에서 탈피하여 위험관리 및 고객 관리 강화 등 정보자원을 전략적으로 최대한 활용하는 소위 금융정보화 단계라 할 수 있다. 수집된 정보를 고도로 가공, 분석하여 새로운 부가가치가 창출된 정보의 제공이 가능하기 때문에 각종 리스크관리시스템, 경영정보판단시스템, 딜링dealing지원시스템 등의 개발이 경쟁적으로 촉진된다.

말하자면 정보통신기술은 도구tool의 차원을 벗어나 인간의 두뇌와 지능을 상당부분 대체하게 된다. 아울러 첨단시스템인 전자화폐나 버추얼 뱅킹virtual banking 등 다양한 전자금융시스템의 등장으로 지급결제정보의 고도화 시대가 다가오고 금융의 국제화, 증권화 진전에 따른 국가간 자금거래 수요급증에 따라 결제시스템의 국제화가 가속화될 것으로 전망된다.

우리나라도 이와 같이 정보통신혁명이 가져올 시대적 변화와 흐름을 인식하여 우리 금융산업이 발전할 수 있는 환경과 여건을 조성할 필요가 있음은 물론이다. 앞으로 우리의 금융부문이 대내외의 급격한 환경변화 속에서 본연의 역할을 제대로 수행키 위해서는 그동안의 금융억압financial repression상태에서 빚어진 각종 비효율을 제거하기 위한 근본적 개혁이 필요하다.

만약 이와 같은 개혁이 없다면 자율과 경쟁원리에 입각한 금융발전을 기대하기 어려울 것이며 또한 날로 복잡 세분화되고 거대화되는 기업의 금융수요를 적절히 뒷받침 할 수 없게 됨으로서 실물경제의 발전에도 걸림돌이 될 것이다. 따라서 금융부문의 발전과 혁신을 위해서는 행정권에 속하는 모든 일은 정부의 고유권한이라는 법리적 관점에서 벗어나 앞서 설명한 시대적 조류와 주요 각국의 대응책을 진취적 시각에서 받아들이지 않으면 다가오는 변화의 물결을 헤쳐가기 어렵다. 가능한 한 정부의 통제governance와 규제를 줄여 금융의 자율성을 회복하고 창의성과 금융기술혁신을 살릴 수 있도록 유도하는 것이 우리나라 금융산업의 발전과 경쟁력을 도모할 수 있는 첩경이라 판단된다.

얼마 전 내한한 하버드대학 마이클포터 교수는 한국의 경쟁력을 저해하는 주요 요인의 하나로 행정간접자본administration infrastructure의 열위를 지적한 바 있다. 행정간접자본이란 법률제도, 행정제도 및 절차, 기업관련규제 등을 의미하는 것으로 사회간접자본 못지않게 중요한 경쟁력 변수임에도 한국의 경우 불필요한 인위적 규제가 많아 행정 사회제도의 경쟁력 면에서 아직 후진국이라는 설명이었는데 우리 모두 귀담아 들을만한 경고라 생각된다.

97.7. 매일경제신문

전자화폐시대를 예고한다

금융업무의 전자화가 세계 각국에서 진행되고 있다. 정보통신기술의 발달은 금융의 자유화, 국제화조류와 더불어 금융거래의 급증 및 이에 따른 지급결제규모의 현저한 증가와 금융시스템의 복잡화를 가져오고 있다. 이에 따라 지급결제수단도 전통적인 현금, 어음·수표와 같은 장표방식paper based에서 선불카드, 직불카드, 홈뱅킹 등 다양한 형태의 전자결제방식으로 바뀌고 있으며 소위 전자화폐의 출현도 가까운 시일 내에 현실화될 전망이다.

최근 신문 등 매스컴을 통해 자주 등장하는 전자화폐는 한마디로 기존의 신용카드나 공중전화카드의 뒷면에 붙어 있는 마그네틱

띠 대신에 컴퓨터 마이크로칩을 내장시킨 첨단 전자카드라고 볼 수 있다. 그런데 이 카드는 정보저장능력이 매우 뛰어나 전자화폐 기능 외에도 신용카드, 선불카드, 직불카드의 기능은 물론 신분증, 예금통장, 주소록, 열쇠, 계산기 등 다양한 형태의 제 기능을 담을 수 있어 그야말로 명함크기만한 전자지갑 하나만 지니고 있으면 모든 것이 해결되는 편리한 만능카드라고 할 수 있다.

　　　　전자화폐의 기능을 살펴보면 은행으로부터 전자지갑을 발급받은 고객은 현금자동인출기, PC 또는 특수전화기를 사용하여 은행예금의 일정액을 전자화폐로 바꾸어 전자지갑 속에 이체, 저장한다. 평소 주머니에 넣고 다니다가 필요시 백화점, 극장, 음식점 등에서 전자지갑을 제시하면 점원은 이를 카드판독기에 넣어 결제대금을 전자지갑으로부터 단말기로 이체한다. 소요되는 시간은 불과 2~3초, 거스름돈 수수나 싸인signature 등 번거로운 절차가 필요 없다. 일일이 단말기에 투입하지 않고 일정거리 이내에서 스치기만 해도 대금지급이 완료되는 비접촉식 카드도 가능하다. 판매자는 수시로 단말기에 누적된 전자화폐를 현금자동인출기나 전화기 등을 통해 자신의 은행 예금계좌로 이체할 수 있으며 고객은 전자지갑에 저장된 전자화폐가 떨어지면 마치 주유소에서 자동차에 기름 넣듯이 전자화폐를 재충전하면 된다. 아울러 전자지갑 소지자 상호간에 직접 전자화폐를 빌려줄^{전자이체} 수 있을 뿐 아니라 해외에서의 사용 및 송금기능 외에 분실할 경우 제 3 자의 사용이 불가능토록 하는 잠금장치기능도 부여할 수 있다.

최근 이 같은 전자화폐에 대한 관심이 범세계적으로 크게 확산되고 있는 가운데 유럽, 북미 및 일부 아시아 국가를 중심으로 전자화폐의 개발이 활발하게 추진되고 있다.

유럽의 경우 덴마크의 단몬트카드는 93년 9월부터, 영국의 몬덱스카드는 95년 7월부터, 벨기에의 프로톤카드는 95년 2월부터 일부 지역을 대상으로 전자화폐의 사용을 시험실시중에 있다. 미국의 경우 씨큐리티 퍼스트 네트워크은행^{SFNB}이 95년 10월부터 인터넷상의 가상은행을 개업, 공중망전자화폐를 도입하였고, 마크 트웨인은행도 동 11월부터 유사한 형태의 전자화폐를 도입 운용하고 있으며, 씨티은행은 전자화폐에 관한 특허를 세계 각국에 이미 출원한 바 있다. 전자화폐개발에서 한발 뒤지고 있는 일본은 96년을 전자화폐의 원년으로 선언하고 몬덱스 및 비자와 기술제휴를 통해 추격전을 벌이고 있다. 우리나라에서도 전자지갑의 화일구조 및 보안구조 등 전자화폐 표준화 작업이 한창이다.

금년 여름^{96년} 미국 애틀랜타에서 열릴 올림픽 경기를 앞두고 세계 유수의 카드업체 및 은행들은 저마다 개발한 전자화폐를 선보일 계획으로 있어, 마치 전자화폐 올림픽을 방불케할 것으로 예상되는 가운데 과연 누가 전자화폐의 월드 챔피온이 될지 자못 궁금하다.

과연 커츠맨Kurtzman의 말대로 지폐와 동전은 사라지고death of money 현금 없는 사회가 도래할 것인가.

96.4. 한은소식

돈을 깨끗이 쓰고 소중히 다루자

화폐돈는 우리가 경제활동을 영위하는데 필요한 지급결제수단으로 깨끗한 돈을 주고받으면 기분이 좋아질 뿐 아니라 서로의 품위를 돋보이게 하기도 한다. 해외여행을 하다보면 처음 대하는 그 나라의 돈에 대해 신기한 느낌을 갖게 되고, 돈을 통해 그 나라 국민의 경제적, 문화적 수준을 가늠하게 되는 경우를 종종 체험할 수 있다.

화폐에는 그 나라만의 고유한 역사와 문화가 국민적 자존심과 어우러져 소중히 담겨있다. 예를 들면 미국화폐에는 링컨 대통령, 프랑스화폐에는 과학자 퀴리부인, 인도화폐에는 간디, 우리나라 화폐에는 세종대왕1만원권, 율곡5천원권, 퇴계1천원권의 초상이 들어 있다. 따라서 세계

각국의 국민들은 저마다 화폐의 품위유지에 지대한 관심과 애정을 갖고,
돈을 깨끗이 쓰고 소중히 다루기 위해 노력하고 있다.

　우리나라에서 지폐^{은행권}가 본격적으로 유통되기 시작한 것
은 1902년부터인데 그동안 품위 있고 품질 좋은 화폐를 만들기 위해 많은
노력을 기울여왔으며 1983년부터는 미국, 영국 등의 선진국과 마찬가지
로 100% 면^綿을 사용하고 있다.
　돈을 반복적으로 접었다가 펼 경우에 찢어지지 않고 견딜
수 있는 내절도^{耐切度} 횟수를 보면 우리 돈이 4,000회 정도로서 일본 돈의
1,000회보다는 4배정도 강하고, 미국 돈의 4,000회와는 비슷한 수준이다.
또한 돈을 양쪽에서 당길 때 견딜 수 있는 강도는 우리나라 돈이 10kg정
도인 데 비해 일본 돈이 8kg, 미국 돈이 13kg정도여서 우리 돈의 품질이
여러 선진국에 비하여 결코 손색이 없다. 그렇지만 우리 돈의 수명은 불
과 1년 5개월~3년 10개월로 일본의 1년~3년, 미국의 1년 6개월~6년에 비
해 훨씬 짧다.

　우리네 인생살이와 마찬가지로 화폐도 이 세상에 태어나^{조폐},
시중에 유통되다가 폐기되기까지 나름대로의 삶이 있다. 지폐의 주재료
는 면섬유의 일종인 노일^{noil}이라는 것인데 이것을 서너시간 동안 물에 푹

불려 부드럽게 한 후 표백과 세척을 하고 위조방지용 은화(隱畵, 숨은그림)를 삽입한 후 표면광택을 입히면 지폐용지가 된다. 이 용지에 화폐도안을 인쇄하고 화폐의 주민등록번호라고 할 수 있는 일련번호와 발권은행인 한국은행의 총재 도장이 찍혀진 후 한국은행의 창구를 통해 이 세상에 나가면(발권) 비로소 신비로운 생명의 빛을 발하기 시작하는 것이다.

시중에 유통되어 정신없이 돌다보면 때로는 어느 집의 장판 밑에 오랜 세월 갇히는 신세가 되기도 하고 또는 시장바닥 생선장수에 의해 마구 접히고 구겨지기도 하고, 혹은 온몸이 찢기거나 낙서투성이가 되기도 하고, 운 좋게 돈을 소중히 다루는 사람의 지갑 안에서 편히 쉬기도 하는 등 그야말로 산전수전 다 겪다가 마침내는 테이프로 붙여지고 더러워져 꾀죄죄한 모습으로 자신의 고향인 중앙은행으로 되돌아와 일생을 마치게 된다.

따라서 우수한 품질을 갖고 있으면서도 외국돈보다 상대적으로 험난한 삶을 겪어야 하는 우리의 돈을 사랑하고 깨끗이 쓰고 소중하게 다루어야 하겠다. 과거에는 돈을 인두로 다려서 사용할 정도로 소중히 다루는 분들이 적지 않았고, 요즈음도 찢어진 돈을 풀로 붙이거나 구겨진 돈을 책갈피에 넣었다가 사용하거나 또는 반드시 지갑에 넣었다가 사용하는 등 돈을 소중히 다루는 분들이 많지만 아직도 돈 귀한 줄만 알지 돈을 소중히 다루는 데는 소홀한 경우를 우리 주변에서 종종 볼 수 있다. 심지어 어떤 이들은 돈은 함부로 다루어야 많이 벌 수 있다는 미신에 젖어 있는 경우도 있으니 안타까운 노릇이다.

최근 경기부진과 IMF한파로 우리 모두가 많은 어려움을 겪고 있는데 돈을 깨끗이 쓰게 되면 화폐제조 및 관리에 드는 막대한 비용을 줄일 수 있어 경제난 해결에도 기여할 수 있을 것이다. 작년 한해 동안 찢어지거나 더러워져 폐기한 돈은 약 4조원인데 이것은 5톤 트럭 약 180대분에 해당하는 물량이다. 이렇게 폐기된 돈을 새 돈으로 보충하기 위해 매년 약 1,000억원 상당의 비용이 소요되고 있고 아울러 지폐재료인 원면 등의 수입에 우리의 귀중한 외화가 쓰이고 있다는 사실을 알아야 할 것이다.

따라서 우리 모두 스스로 돈을 깨끗이 쓰게 되면 이와 같은 비용을 절약할 수 있어 국민의 세부담을 줄이고 어려운 우리 경제를 살리는데도 큰 보탬이 될 것이다. 뿐만 아니라 자라나는 어린 자녀들에게 작은 것도 소중히 다루는 좋은 습관과 삶의 지혜를 가르칠 수 있을 것이며 나아가서는 우리 국민의 수준을 외국에 알리고 국위선양에도 많은 기여를 하게 될 것이다.

1998. 4. 삼성에스원 매거진

수표제도를 개선하자

수표는 현금화폐와 더불어 대부분의 국가에서 중요한 지급수단으로 자리잡고 있다. 수표는 은행으로 하여금 지급인의 계정에서 차감하여 소지인^{수취인}에게 자금을 지급토록 하는 추심이체^{debit transfer}방식의 비현금장표 지급수단으로 미국, 캐나다, 프랑스, 영국 등 선진국에서 많이 쓰이고 있는데, 최근에는 새로운 전자결제수단의 등장으로 그 이용도가 점차 감소추세에 있다.

미국의 경우 수표가 비현금거래건수의 80%에 이르고 있고 캐나다, 프랑스, 영국의 경우에도 대략 40~60%정도가 된다. 그러나 스위스, 스웨덴, 독일, 네덜란드 등 대부분의 유럽국가들은 수표보다는 지로

나 송금이체credit transfer방식이 주로 이용된다. 호주나 남아공화국, 우리나라는 수표거래가 전체의 50%를 넘을 정도로 수표사용이 많은 나라에 속한다.[1] 이러한 사실은 그 나라의 국민 1인당 연간 수표발행매수에 잘 반영되어 있다. 미국이 230장, 프랑스가 85장, 캐나다 80장, 영국 50장으로 수표이용이 큰 데 비해 독일은 11장, 스웨덴 8장, 일본 2.5장에 불과하며, 우리나라는 19장으로 상대적으로 수표이용이 큰 것으로 나타나고 있다.

이처럼 국가별로 지급수단으로서의 수표 이용도에 차이가 나는 것은 각국의 역사적, 문화적, 제도적 배경에 기인한다. 예컨대 미국의 경우 전통적으로 은행제도가 분권화되어 있는데다가 은행들이 금융서비스를 주로 제공해옴에 따라 수표거래가 크게 활발해진 반면 유럽나라들은 역사적으로 은행보다는 우체국이 중심이 되어 고객들에게 결제서비스를 제공하였고 이것이 나중에 지로 및 전자송금이체제도로 발전됨으로서 상대적으로 수표이용이 낮아지게 된 것이다.

이용자입장에서 볼 때 수표거래를 선호하는 이유는 이용의 편리성, 수수료면제 등과 함께 부유자금이익浮遊資金利益, float benefit효과 때문이다. 일반적으로 은행들은 수표사용자의 발행수표에 대해 수수료를 직접 부과하는 대신에 거래계정에 최저잔액을 유지케 함으로써 수표서비스비용을 충당하는 것이 관례다. 이 경우 최저잔액의 규모는 동 계정에 대한 부리附利 여부에 따라 결정된다. 또한 수수료가 면제되지 않는다 하더라도 수표사용자는 수표를 발행하고 나서 동 수표가 은행으로 돌아와 결제될 때까지 무이자로 자금을 이용할 수 있는 소위 부유자금이익 혜택을 누릴 수 있는 데 바로 이 같은 부유자금이익효과가 수표이용에 따른 제비용을 초과하는 한 수표이용의 유인은 남게 마련이다.

미국의 경우 이같은 부유자금규모는 하루에 약 100억 달러로서, 이에 따른 수표발행자들의 이자수입효과를 따져보면 일 150만 달러나 된다고 한다. 이러한 이유로 수표발행자나 지급은행은 가능한 부유자금을 최대화하고자 하는 반면 수취인 및 추심은행은 동 부유자금이 최소화되기를 원해, 서로 상충된 이해관계에 놓일 수 있다. 따라서 캐나다의 경우 은행간 약정에 의해 수표를 은행에 입금한 당일에 현금인출이 가능토록 제도화 되어 있고, 또한 지급은행이 추심소요기간에 해당하는 수수료를 부담하도록 되어 있다.

우리나라의 경우 수표거래가 비현금거래건수의 40~50% 정도를 차지하고 있어 선진국과 비슷한 수표중심의 지급결제구조를 보이고 있으나 수표의 95%이상이 자기앞수표로 되어 있어 엄밀한 의미로는 미국, 캐나다, 영국 등의 개인신용을 바탕으로 한 수표제도와는 상당한 차이가 있다. 외국의 경우 자기앞수표^{미국 Casher's Check, 영국 Banker's Draft}는 수취인이 지정되어 있는 기명식으로 은행의 자기채무결제나 부동산매입 등 거액자금결제에 극히 제한적으로 이용되고 있으며 교환결제전의 현금지급이나 유통이 허용되지 않는다.

그러나 우리나라의 자기앞수표는 현금대용의 일상적 지급결제수단으로 광범위하게 유통되는 독특한 형태이다.[2] 자기앞수표는 고객이 입금한 자금을 재원으로 은행이 자신을 지급인으로 해서 발행하되 수취인이 지정되어 있지 않은 무기명식^{소지인 출급식}으로 지급의 확실성과 함께 무제한 유통이 가능하고 아울러 은행수납당일 입금처리, 교환결제전 인출^{당일지급} 등도 허용되고 있어 사실상 현금이나 마찬가지의 기능을 지니고 있다. 또한 앞서 언급한 float효과를 둘러싼 은행간 이해상충을 줄이기 위해 발행은행과 수납은행간의 자금조정을 실시함으로써 양자간 자금수급상의 불균형 시정을 도모하고 있다.

자기앞수표가 우리나라에 처음 도입된 것은 1948년 3월^{정액 자기앞수표는 '70년 7월부터}인데 당시 기업이나 개인들의 신용도가 극히 열악한 시대적 상황에서 은행의 지급보증을 통하여 수표유통의 원활화를 도모한다는 취지에서 도입되었다. 그 후 많은 변천과정을 거쳐 현재의 자기앞수표제도로 정착하게 되었는데, 결제수단의 하나로서 우리나라의 자기앞수표가 지닌 문제점은 적지 않다. 우선 수표의 제조, 교환결제 및 보관과 관련해서 발생하는 사회적 비용이 막대할 뿐 아니라 기업이나 개인의 신용을 베이스로한 선진국형 수표제도의 건전한 발달을 저해하고 나아가서는 신용사회의 조기정착과 지급결제제도의 선진화를 지연시키는 요인이 되고 있다. 예컨대 우리나라 수표유통장수^{연간 9.9억장}의 75%를 차지하고 있는 10만원권의 경우 평균 1주일정도에 불과한 유통기간과 수표 제조비용^{장당 22원}, 추심 및 교환비용, 보관관리비용^{상법상 5년보관} 등을 감안할 때 이에 따른 사회적 낭비가 크다는 사실과 함께 위조수표의 빈번한 발생 등 문제점이 계속 제기되고 있다.

외국에서 널리 쓰이는 개인수표^{personal check}의 경우 수표사용에 따른 취급비용이 우리나라의 자기앞수표보다 훨씬 적고 경제적이다. 그럼에도 불구하고 최근 들어 결제수단으로서의 수표의 경제성을 높이기 위해 비용편익을 따져보고 여러 가지 제도적 개선을 추진하고 있다. 현재의 발전된 정보통신기술을 활용하면 보다 경제적이고 효율적인 수표제도 내지는 그 대체수단을 마련할 수 있기 때문이다. 우리나라에도 컴퓨터 및 정보통신기술이 금융부문에 이미 상당수준 도입되어 있으므로 외국의 경우처럼 수표제도를 개선할 필요가 있다고 본다.

먼저 수표제도의 개선과 관련해서 현재 많은 나라에서 진행 중인 것은 수표지급정보의 물리적 전달 대신에 전자적 전달방식을 꾀함으로서 수표결제처리기간의 획기적 단축 및 float benefit의 부작용을 최소화하여 수표처리업무의 효율성을 제고하는 것이다. 이른바 수표정보전자교환제도Check Truncation라고 하는 것인데 고객으로부터 수납한 수표실물을 이송하는 대신 수표하단에 있는 MICRMagnetic Ink Character Recognition이라는 자기띠선에 인자된 수표발행번호, 금액, 지급은행 및 점포번호 등 소정의 정보사항을 교환소에 전자적으로 전송하여 수표결제가 이루어지도록 함으로서 수표교환에 따른 많은 비용과 시간을 절약하는 시스템으로 벨기에, 독일에서는 이미 도입 운영하고 있다. 미국의 경우 Truncation의 전단계인 전자제시시스템ECP, Electronic Check Presentment을 도입, 그 운용을 확대해 나가는 중이다. ECP시스템은 수표실물을 제시하기 전에 미리 수표정보를 지급은행에 전송하고 지급은행도 부도수표의 실물반환전에 미리 부도수표정보를 수납은행 앞으로 전송한다는 점에서 수표실물의 이동이 전연 없는 완전한 Truncation과는 다소 차이가 있다. 우리나라에서도 금년99년 가을부터 자기앞수표에 대한 전자정보교환시스템이 단계적으로 도입실시될 예정이다.[3] 이와 관련해서 일부 선진국에서는 MICR

정보뿐만 아니라 서명 등 수표에 기재된 모든 내용을 화상파일로 변환한 이미지정보를 전송하는 IP시스템IPS, Image Processing System을 도입하는 방안도 검토되고 있다.

또한 수표제도의 개선과 관련해서 최근 자주 논의되는 것으로 전자수표제도가 있다. 전자수표는 발행, 교환추심 등 수표거래의 전 과정이 통신네트워크를 통해 전자적으로 이루어지는 전자화폐의 하나로 볼 수 있는데, 예를 들면 물품구매자가 자신의 PC를 이용하여 전자수표를 발행해서 판매자에게 전송하면 판매자는 동 수표를 자신의 거래은행에 전송 제시하여 전자적 추심과정을 거쳐 판매대금을 결제받는 방법이다.

전자수표를 개발하여 시험운영중에 있는 미국의 FSTCFinancial Services Technology Consortium에 의하면 미국내에서 현재 발행되는 수표연간 600억장를 모두 전자수표로 대체할 경우 일년에 약 330억달러에 달하는 비용이 절감될 수 있다고 하며 이는 수표정보전자교환제도의 도입에 따른 비용 절감액연간 14억달러의 24배에 해당되는 규모라고 한다.

전자수표는 공개키방식의 암호서명, 수표발행 및 배서기록

은 물론 현금형 전자화폐와 달리 결제과정상의 float 이익도 기대할 수 있
어 경제성, 안전성, 격지간 수표거래 용이 등 장점을 배경으로 향후 전자
상거래의 핵심지급수단으로 크게 각광받을 것으로 전망된다.[4]

99.8. 한국경제신문

화폐혁명이 가져올 새로운 패러다임

불, 바퀴와 함께 인간의 3대발명품의 하나로 꼽힐 만큼 인류문명의 발전과정에서 중요한 역활을 맡아온 화폐 — 고대 물품화폐인 조개껍질에서 금화, 은화와 같은 금속화폐를 거쳐 오늘날의 지폐 그리고 21세기의 전자화폐에 이르기까지 화폐는 인류문명의 발달과 더불어 끊임없이 변천하며 진화해 왔다. 따라서 화폐의 진화과정을 제대로 이해한다면 그 안에 담긴 역사와 사회, 문화를 읽을 수 있지 않을까?

요즈음 뭐니 뭐니 해도 머니money가 최고라는 말이 있는데 원래 'money'라는 단어는 로마신화의 여신인 주노Juno의 별칭인 'Moneta'에서 유래되었다고 한다. 이는 로마인들이 그녀의 신전에서 주화를 제조하였기 때문이라고 하는데 오늘날에도 많은 중앙은행의 건물들이 어찌 보면 흡사 고대 사원寺院이나 중세 성당의 모습을 연상시키는 것은 바로 이 같은 사실에 연유하는 것이 아닌가 생각된다.

우리나라에서 '돈'이라는 말의 어원은 '많은 사람의 손을 거쳐 돌고 돈다'라고 하는 의미에서 유래되었다는 설이 가장 유력한데 혹자는 엽전의 무게단위인 돈쭝錢에서 비롯되었다고 하기도 하고 또는 칼 모양의 화폐인 도刀가 세월이 흐르면서 돈으로 와전된 것이라는 설도 있다.[5] 이같이 '돈은 돌고 돈다'라는 의미의 화폐의 순환적 사상이 담긴 말은 중국이나 일본에서도 찾아볼 수 있는데 '돈은 날개가 없어도 날고, 발이 없어도 달린다無翼而飛 無足而走'라는 구절이 바로 그 예라 할 수 있겠다. 흔히 돈은 인체의 혈액에 비유되기도 하는데 혈액의 순환이 원활하지 못하면 동맥경화에 걸리는 것과 마찬가지로 돈이 실물경제의 필요한 부문에 원활히 돌지 못할 경우 경제는 이른바 '돈(?)맥경화증'에 시달릴 수밖에 없게 되는 것이다.

이제 21세기를 눈앞에 두고 컴퓨터와 정보통신기술의 비약적인 발전은 새로운 형태의 돈을 예고하고 있다. 이른바 디지털화폐의 출현이 바로 그 것인데 화폐는 더 이상 금속이나 종이로 만들어지는 것이 아니라 전자적 기호디지털, digital로 만들어지는 것이다. 디지털화폐의 경우 돈의 순환 내지 흐름flow, 유통속도은 그야말로 현재의 종이화폐와는 비교가 안 될 정도로 빠르기 때문에 각 경제주체들의 금융거래관습 및 지급결제행태 등에 엄청난 변화를 가져올 것으로 예상되는데, 어떻든 그 옛날에 일찍이 화폐의 순환사상을 간파하고 '돈'이라고 작명한 우리 선인先人들의 지혜와 앞을 내다보는 통찰력에 감탄한다면 나만의 과장된 생각이 아닐지 모르겠다.

디지털화폐는 이제 더 이상 먼 미래, 먼 나라의 이야기가 아니다. 산업혁명에 버금갈 화폐혁명으로 인류문명에 새로운 패러다임을 가져 올 디지털화폐의 이모저모를 살펴보자. 디지털화폐란 도대체 무엇인가? 누가 발행하는가? 어떤 점에서 유용한가? 디지털화폐가 보편화되고 전 세계적으로 통용되는 새로운 세상에서 우리의 삶은 어떻게 변화 될 것인가?

디지털화폐의 미래에는 정말 흥미거리도 많고 논쟁거리도 많다. 이제 우리 함께 디지털화폐의 세계로 여행을 떠나가 보자.

디지털화폐는 첨단화폐

디지털화폐는 한마디로 말해 마이크로칩에 돈의 가치를 '0'

과 '1'이라는 숫자로 바꿔서 디지털형태로 변환시킨 새로운 형태의 첨단 화폐이다. 예컨대 요즈음 우리가 매일 쓰고 있는 버스카드를 연상하면 된다. 다만 버스카드와 달리 범용성을 지니고 있어 언제 어디서나 화폐대용으로 쓸 수 있고 화폐와 동일한 기능을 수행할 수 있다. 이를테면 교환결제수단으로서의 주요기능인 유통성, 범용성, 익명성은 물론 가치저장수단과 이연移延지급수단으로서의 기능도 있다. 더구나 현금의 단점인 원격지 송금불편, 보관수송비, 잔돈수수의 불편이나 도난 위험성 등을 보완해 주는 장점까지 있다.

디지털화폐는 화폐의 개념을 비실물intangible형태로 바꾼 디지털정보 네트워크체제를 바탕으로 하기 때문에 엄청나게 빠른 속도로 상대방한테 돈이 전달되어 즉각적 결제가 이루어지며 오늘날 상거래가 갖는 복잡다기한 채권 채무의 연결고리를 순식간에 처리하고 해결할 수 있다. 예전처럼 대금을 지불받기까지 며칠씩 기다릴 필요가 없다. 이 같은 기능에 대해서는 지난 10~20년 동안 은행CD기현금자동인출기나 홈뱅킹 등을 통한 전자자금이체EFT의 처리속도와 유용성을 생각해 보면 쉽게 이해가 갈 것이다.

이와 같은 디지털화폐의 특성편리성 및 효율성은 사람들로 하여

금 현금보유보다는 예금보유를 보다 선호하게 할 것이며 나아가서는 수
익성과 유동성을 갖춘 다양한 금융상품 등과의 유기적 연계를 통해 가치
를 증식해 나가는 부가가치 창출기능도 가능케 할 것이다. 한 걸음 더 나
아가 디지털화폐의 등장 및 정보네트워크의 발전은 앞으로 지급결제의
방식이 이제까지의 단순한 유동성 교환형태에서 부富의 교환 혹은 부富에
관한 정보 의 교환형태로 바뀌게 될 가능성을 예고해 주고 있으며 그렇게
되면 개인의 금융자산 및 실물자산 전체를 효율적으로 관리하는 '부富의
계정wealth account' 또는 '부富의 카드wealth card'가 출현할지도 모른다.

디지털화폐의 다양성

디지털화폐는 IC카드나 PC 등 전자적 매체에 화폐가치를 저
장했다가 사용하는 전자지불수단이기 때문에 디지털화폐는 현재 카드형
과 네트워크형의 두 가지 형태로 발전되고 있다. 그렇지만 가까운 장래에
이 둘은 하나로 통합 발전되어 겸용이 가능케 될 것이다.

카드형은 외형상은 신용카드와 같으나 IC칩을 내장하고 있
어 고도의 성능과 다양한 기능이 가능하기 때문에 흔히 스마트 카드smart
card라고도 부른다. 은행CD기나 전용모뎀을 통해 자신의 예금계좌에서
카드로 돈전자화폐을 이체 저장하였다가 카드단말기가 있는 곳이면 어디서

든지 사용할 수 있다. 더구나 영국 몬덱스카드의 경우에는 카드를 소지한 개인간의 자금이체가 가능할 뿐 아니라 5개국 화폐를 동시에 저장할 수 있어 해외에서의 사용은 물론 해외송금도 가능하다.

네트워크형은 거래은행과 접속되는 PC 또는 인터넷상의 가상은행에 전자화폐를 예치, 저장하였다가 필요시 공중통신망을 통하여 대금결제에 사용하는 방식으로 최근 전자상거래의 발전에 따라 네트워크형 전자화폐가 더욱 주목을 받고 있다.

디지털화폐의 유용성

디지털화폐가 지니는 유용성은 참으로 다양하다. 전자지갑만 있으면 만사 OK다. 쇼핑이나 외식을 한 후 전자지갑을 넘겨주면 상점 주인은 단말기를 통해 계산서 금액만큼의 디지털화폐를 빼낸다. 신용카드와 달리 카드 소지인의 신분이나 예금조회 또는 사인이 필요 없어 불과 3~4초만에 결제가 끝나 신속, 간편하다. 또한 전자지갑에는 본인만 알 수 있는 비밀번호가 내장되어 있어 다른 사람이 이를 도용하거나 위변조하는 것이 사실상 거의 불가능하다.

최근 들어 은행권^{지폐}이나 신용카드의 위변조사건이 급증하는 가운데 컬러프린터와 컴퓨터 스캐너를 이용한 고도의 정교한 위조화폐 때문에 금융기관이나 카드회사들이 골머리를 앓고 있는데 전자화폐는 이러한 문제들을 말끔히 해소할 수 있다. 또한 현재 금융권 전체로 보면 화폐^{지폐와 동전}의 제조 및 관리에 엄청난 물적, 인적비용 — 매년 새돈을 찍는데 드는 발권비용을 비롯해서 금고관리비용, 화폐정사^{精査}, 폐기 및 화폐현송 — 이 소요되는데 디지털화폐는 이 같은 비용들을 대폭 감소시킬 것이다. 디지털화폐가 보편화되어 소위 '현금없는 사회 ^{cashless society}'가 도래하면 지폐나 동전은 사라지고 따라서 금고나 이를 지키기 위한 경비원과 무장경찰도 사라질 것이다. 아울러 돈 깨끗이 쓰기 캠페인과 같은 연례행사도 당연히 사라지지 않겠는가!

세계 단일통화의 출현 가능성

현재는 국가마다 각기 다른 화폐를 사용하고 있다. 디지털화폐가 등장한다면 전 세계의 통화는 어떤 영향을 받을 것인가? 초기에는 각국의 화폐단위 그대로 통용될 것이다. 달러는 달러로, 엔은 엔으로, 프랑은 프랑으로 말이다. 그에 맞는 가치가 매겨지고 각국의 시장환율에 따라 서로 교환된다. 그러나 점차 사람들은 가상공간에서의 원활한 전자상거래를 위해 디지털화폐 자체가 일정한 가치를 지니기를 바라게 될 것이다. 몬덱스형 전자화폐처럼 개인간 이체가 자유롭고 해외송금이 가능한 시스템을 원하게 될 것이다.

이에 따라 디지털화폐는 자연스레 범세계적인 화폐시스템으로 발전하면서 궁극적으로는 세계의 단일화폐로 자리 잡게 될 가능성도 있다. 이상적理想的인 상태의 디지털화폐 체제에서는 세계의 모든 화폐가 디지털화폐로 동일한 가치를 갖게 되기 때문에 기존 화폐와의 구분이 필요 없게 되고 국가마다 화폐가치가 달라 환율을 따져야 하는 불편도 사라진다. 물론 이 같은 개념의 단일화폐는 현재 추진중인 유럽통화 단일화의 예와 같이 국가간 경제력 격차의 해소, 생산요소의 자유로운 이동 등과 같은 전제조건이 이루어지고 아울러 디지털화폐가 국경을 넘어 자유로이 이동할 수 있는 범세계적인 정보 인프라스트럭처가 국가마다 지역마다 모두 구축되었을 때 가능케 될 것이다.

아마 50년쯤 지나면 우리는 가상공간cyber space에서 세계를 무대로 전자상거래를 하고 디지털화폐로 즉각 결제를 하는 데 아주 익숙해 있을 것이다. 그렇게 되면 화폐의 역사가 말해 주듯이 오늘날의 지폐는 과거의 금화나 은화처럼 박물관에서나 구경할 수 있는 희귀한 존재로 바뀔지도 모른다. 앞에서 본 것처럼 디지털화폐는 컴퓨터와 정보통신 발달의 산물이기 때문에 다가오는 21세기에는 자연스레 인터넷과 연계되어 사이버뱅킹, 사이버쇼핑의 시대가 꽃을 피우게 될 것이다.

이제 시간이나 공간에 구애됨이 없이 마우스 하나로 지구촌 곳곳을 마음껏 넘나들 수 있는 전자화폐시대의 미래상을 살펴보자.

사이버뱅킹

고객이 안방에서 인터넷으로 거래은행의 홈페이지에 접속해서 금융정보조회, 계좌이체, 예금, 대출 등의 금융거래를 할 수 있을 뿐 아니라 디지털화폐로 사이버 쇼핑을 즐길 수 있다. 가상은행Cyber Bank의 이용은 물론 퀴큰Quicken, 머니Money와 같은 각종 소프트웨어를 통해 세무와 회계 등 다양한 금융서비스를 받을 수도 있다.

사이버뱅킹은 전통적 뱅킹에 비해 저렴한 비용과 이용의 편리성 등 상당한 이점이 있어 현재 전 세계적으로 약 400개 이상의 은행이 이를 취급하고 있는데 21세기 초에는 약 2000개전체은행의 20% 이상으로 급증할 것이라는 전망이다. 95년 10월 세계 최초로 문을 연 가상은행 SFNBSecurity First Network Bank는 연중무휴로 영업하고 있는데 미국 50개주에 약 1만 2500개의 계좌가 있고 하루 7만여 건의 접속거래가 이루어지고 있다. 고객들은 주로 20~30대의 젊은층으로 고소득자들이 많은데 가상은행을 이용하는 이유로 무엇보다 편리성과 저렴한 비용을 꼽고 있다. 예컨대 고객은 집이나 회사에서 인터넷을 통해 24시간 365일 항상 접속할 수 있고, 거래비용도 건당 13센트로 텔레폰뱅킹의 54센트, 은행텔러의 1.08 달러에 비하면 상당히 저렴하다는 것이다.

사이버쇼핑

가상은행과 마찬가지로 고객은 인터넷상의 가상상점cyber mall 에서 신속하고 편리하게 그리고 저렴하게 사이버쇼핑을 즐길 수 있다. 이 제 인터넷은 더 이상 '정보의 바다'가 아닌 '거대한 시장market'으로 변모하 여 21세기의 새로운 비즈니스의 장場이 될 것으로 예상된다. 아직은 전 세 계 인터넷 시장규모가 수십억달러 수준에 불과하지만 2000년에는 1400 억 달러로 급격히 확대되고 이용자수도 현재의 160여개국 9500만명에서 2000년에는 2억명 이상으로 급증할 것이라는 전망이다.

그때쯤에는 본격적인 보급기를 맞이하는 쌍방향 CATV 등을 통해 현재의 고속모뎀보다 수십배~수백배 빠른 속도로 인터넷에 쉽게 접 속할 수 있게 되어, 전자상거래가 폭발적으로 증가하게 될 것이다. 미, 유 럽 선진국들이 인터넷 상거래의 주도권 장악과 시장선점을 위해 치열한 경쟁을 벌이고 있고, 작년97년 7월 미국의 클린턴 대통령이 '글로벌 전자 상거래 기본계획'을 발표한 것도 말하자면 사이버 비즈니스시대를 겨냥 한 장기포석이라 할 수 있겠다.

완벽한 보안시스템이 필수

전자상거래의 개념에는 마케팅에서부터 상품의 광고, 계약, 수주와 발주, 물류, 대금결제 등 일련의 과정이 전부 포함된다. 따라서 판매자와 구매자는 물론 주문된 상품을 고객에게 신속히 배달할 수 있는 배달시스템, 판매자 및 구매자의 신용상태를 확인해 주는 신용정보조회시스템, 안전한 대금결제와 고객정보 보호를 위한 완벽한 보안시스템, 효율적인 결제시스템과 결제수단이 필수적이며 카드회사, 금융기관, 전자화폐 발행기관 등이 거래에 관여하게 된다. 고객이 사이버 쇼핑몰에서 물건을 구입하려면 먼저 자신의 PC를 통해 인터넷상의 가상 상점의 홈페이지로 들어가서 상품정보를 검색하고, 주문을 하려면 대금결제방식을 입력해야 한다.

현재 전자상거래의 대금결제에는 신용카드가 주로 이용되고 있는데 신용카드의 경우에는 거래시마다 일일이 고객의 신용상태를 카드회사 등에 조회해야 하는 등 번거롭고 귀찮은 절차가 따르게 되며 아울러 최종 결제시까지 결제리스크가 수반된다. 그러나 앞으로 디지털화폐를 통한 전자상거래 결제가 보편화될 경우 거래의 효율성과 편리성이 크게 증진될 것으로 보인다. 앞서 설명한 것처럼 디지털화폐는 카드회사의 조회나 은행계좌를 거치지 않고 즉시real time 결제되어 거래 및 결제과정이 단순화되기 때문이다. 말하자면 상품주문에서부터 구입대금 결제까지

모든 것이 네트워크상에서 종결되는, 소위 원스톱 쇼핑의 시대가 열리는
것이다.

마이크로 페이먼트^{micro payment} 비즈니스

전자상거래에서는 모든 상품과 서비스의 거래가 가능하다.
예를 들면 정보제공 서비스, 신문 및 잡지출판, 광고 및 시장조사, 구인 및
구직정보, 오락, 금융, 여행알선, 인터넷 방송 등 그야말로 다양한 부문,
다양한 비즈니스가 이루어질 수 있다. 이 같은 상품들은 크게 디지털상품
과 비非디지털상품으로 나눌 수 있는데 디지털상품은 상품내용이 디지털
digital화 되어 있어, 네트워크상에서 바로 고객에게 배달이 가능하다. 컴퓨
터용 각종 소프트웨어, 영화, 음악, CG아트작품, 전자출판물, 전자신문 등
이른바 콘텐츠contents상품들이 바로 이에 속한다. 디지털상품의 경우 고객
의 수요에 따라 얼마든지 부분적으로 쪼개어 팔 수 있는 소액거래가 가능
하다. 예를 들면 인터넷가상상점에서 새로 출시된 CD음악의 어느 한 곡
만을 사거나 인터넷 잡지의 특정 페이지만을 골라서 살 수 있다. 판매자
로서는 상품재고관리에 특별히 신경 쓸 필요없어 좋고 고객으로서도 자
신이 원하는 상품만을 싼 가격으로 구입할 수 있다는 이점이 있다.

이미 미국에서는 이러한 소액 거래를 목적으로 디지털화폐
의 개발이 진행되고 있는데 디지털사의 밀리센트Millicent와 사이버캐시사

의 사이버코인^{CyberCoin}이 그 예이다.

사이버경제

다가오는 전자화폐시대는 정보화에 바탕을 둔 사이버경제의 체제이다. 시간, 거리, 조직, 국경 등의 모든 벽을 허물어 버리면서 국내시장과 국외시장, 제조업과 판매업 등간의 보더리스^{borderless}화가 촉진될 것이다. 아울러 제로섬^{zero-sum}이론이 배제되는 정보의 특성과 디지털 컨버젼스^{convergence}를 통해 산업 전체가 폭넓게 확산 발전되면서 새로운 업종과 산업들을 계속 창출해 나갈 것이다. 디지털 컨버젼스는 다양한 산업들이 상호융합 ― 이를테면 컴퓨터통신, 멀티미디어산업, 반도체산업 등의 수직적·수평적 통합 ― 되는 과정을 통해 새로운 영역을 창출하는 현상을 의미한다.

사이버경제에서는 완전한 정보를 바탕으로 완전경쟁에 근접한 이상적 시장의 실현이 가능할지도 모른다. 모든 기업과 소비자들간의 신속하고 효율적인 정보교환과 마이크로 트랜잭션^{micro transaction}이 가능해짐에 따라 아담 스미스가 국부론에서 가정한 완전경쟁시장의 조건들이 어느 정도 충족될 수 있기 때문이다.

이제까지 인류문명에 새로운 패러다임을 가져 올 디지털화폐의 다양한 세상을 살펴보았다. 디지털세계의 삶은 정말 흥미롭다. 사람들의 생활은 보다 쾌적하고 안락해지며 보다 풍요로워질 것이다. 그러나 디지털화폐는 아직 시험단계에 있다. 그 편리성과 유용성의 이면에는 위변조 및 도용盜用문제, 사생활보호문제, 돈세탁 등 범죄에의 악용가능성, 국제간 자금이동 및 통화관리상의 문제 등 해결되어야 할 과제들이 남아 있다. 최근 들어 전자화폐의 신뢰성과 무결성 확보를 위해 그 발행기관을 은행으로 제한하자거나 또는 전자화폐의 개발단계부터 중앙은행이 개입할 필요성이 있다는 주장이 제기되는 것도 바로 이러한 맥락에서 비롯된다고 볼 수 있다.

98.8. 한은소식

디지털사회는 풍요롭다

MIT대학의 니콜라스 네그로폰티 교수는 인터넷과 멀티미디어에 의해 현재 진행중인 디지털혁명이 과거의 산업혁명을 능가할 만큼 큰 변화를 가져 올 것으로 예측하면서 '비트Bit, Digital의 세계는 곧 풍요의 세상이다'라는 말로 많은 시사점을 남겼다.

인류는 통신 네트워크로 상호 접속하게 됨으로써 이제까지의 지리적, 민족적 가치관에서 벗어나 보다 큰 전자공동체를 형성하여 새로운 가치관을 추구하게 될 것이다. 디지털digital망을 통해 많은 사람들과 보다 밀접한 교류를 맺는 디지털시대의 세계는 종래의 물리적 공간이 아닌 시공을 초월한 새로운 정보통신공간이다. 전자적 정보가 광속도光速度

로 전송되고 전자상거래가 이루어지며 가능한 모든 것이 디지털 상품화
되어 가격도 저렴할 뿐 아니라 언제 어디서나 쉽게 입수할 수 있다.

　인간에게는 기본적으로 '일노동, 배움학문, 즐거움쾌락, 안락쉼
터' 등을 추구하는 네 가지 기본 욕구가 있다고 한다. 물론 이러한 욕구들
은 정보통신사회가 도래하더라도 결코 변할 수는 없다. 그러나 현재는 이
러한 것들을 달성키 위한 정보의 입수와 확인에 많은 시간과 노력이 들
고, 물리적 이동을 필요로 한다. 누군가를 만나려면 전차나 자동차를 집
어타고 바삐 움직여야 되고, 회사근무를 위해 매일 출퇴근하지 않으면 안
되고, 편안히 쉬면서 즐거운 시간을 갖기 위하여 영화관을 찾는다.

　그러나 미래의 디지털사회에서는 웬만한 정보는 누구나 퍼
스컴이나 전화기, 또는 저렴한 가격의 단말기 등을 통해 안방이나 사무
실에서 간단히 입수할 수 있다. 따라서 텔레커뮤팅telecommuting, 재택근무과
SOHOSmall Office, Home Office의 보급이 확산되어 우리로 하여금 출퇴근 교
통지옥에서 해방시켜주고 충분한 여가시간을 갖게 하며, 아주 싼 가격으
로 정보와 영화, 음악, 가상현실을 통한 즐거움을 얻을 수 있게 할 것이다.

　예컨대, 영화구경을 하고 싶으면 극장에 가는 대신 인터넷

을 통해 할리우드 영화사이트에 접속하여 불과 수초만에 2시간짜리 최신 영화를 자신의 컴퓨터로 다운로드받아 안방에서 편안한 차림으로 감상할 수 있다. 말하자면 디지털의 세계는 '사람이 움직이는 대신에 정보가 움직이고 인류가 풍요한 행복을 누릴 수 있는 시대'라고 말할 수 있는 것이다.

98.6. 디지털타임스

디지털사회의 이모저모

컴퓨터와 정보통신기술이 급속히 발달하는 상황에서 미래사회는 과연 어떻게 바뀔까?

마이크로소프트사의 회장 빌 게이츠가 그의 저서 '미래로 가는 길^{The Road Ahead}'에서 내다본 21세기 디지털사회의 모습을 들여다보자.

정보를 디지털 데이터로 압축시켜 저장하거나 전송하는 기술이 발달할 것이다. 광섬유케이블을 이용하여 대량의 정보를 빠르고 손쉽게 전송하는 기술이 발전해서 데이터의 디지털화를 촉진하게 된다. 예를 들어 정보의 전송속도가 지금보다 1천배나 빠른 초고속의 차세대인터넷이 개발되면 브리태니커 백과사전 30권분량의 정보를 불과 1초만에 전송할 수 있다고 한다. 정보혁명의 진전과 디지털사회의 발달은 인류의 역사에 새로운 패러다임을 가져 올 것이다. 사람들의 생활은 보다 쾌적하고 안락하게 되며, 가정이나 사무실에서 게임, 전자우편, 홈뱅킹을 하고 고선명의 영화HDTV, High Definition TV를 마음대로 선택해서 볼 수 있다.

통합된 정보시스템을 통하여 휴가중이라도 빈집임이 외부에 알려지지 않도록 주기적으로 실내등을 점검하고 집안의 난방온도를 조절하며 우체국에 우편물 보관을 요청하고, 신문보급소에 신문배달중지를 지시하며, 각종 공과금이 자동 지불되게 할 수 있다.

또한 전자지갑 속에 신분증, 열쇠, 돈, 신용카드, 수표, 주소록, 수첩, 메모지 등 수많은 정보를 넣고 다니며, 필요한 메시지나 스케줄을 점검하고 길안내, 날씨, 주식정보, 전자우편이용 등 네트워크를 통한 정보의 생활화가 이루어진다. 그야말로 '손가락 하나로 모든 정보 information at your fingertips'를 얻고 관리하며 편리한 삶을 누릴 수 있다.

뿐만 아니라 몸이 아플 때는 의료 소프트웨어를 통해 원격진료를 받을 수 있고, 전자문서 등 멀티미디어 문서가 생활의 일부로 자리잡을 것이다. 네트워크를 통해 원거리의 친구와 서로 얼굴을 보며 이야기하고 대화용 게임을 즐기고 가상현실을 이용해 쇼핑센터, 병원, 설계사무실 등 각종 실험을 하고 이를 실제 상황에 응용할 수 있을 것이다. 이러한 멀티미디어 실험은 무한정 계속되어 새로운 기술을 개발하여 모든 사람들에게 보다 많은 과학적, 예술적 기회를 열어주게 될 것이다.

정보화시대의 삶은 정말 흥미롭다. 그것은 어쩌면 황홀한 여행을 떠나는 것과 같다. 사람들은 여가시간을 늘리고, 하고 싶은 문화생활을 즐기며 재택근무의 보편화로 도시의 인구집중 및 과밀화현상이 크게 해소될 것이다.

정보화의 발전으로 다양한 형태의 정보상품들이 속속 등장해서 새로운 시장과 새로운 일자리가 창출될 것이며 국가경쟁력을 키우고 자원낭비를 줄이는 데에도 크게 기여할 것이다.

정보디지털사회에서는 모든 사람들이 세계를 무대로 네트워크를 통해 시공時空을 초월하여 무수한 사람들과의 무한한 접촉이 가능하게 될 것이다. 이에 따라 국가간의 경계선은 허물어지고 보다 많은 사람들이 공유할 수 있는 지구촌 문화를 가능케 함으로써 문화적 다양성과 세계성이 보다 촉진될 수 있을 것이다. 나아가 국가간 경계선을 초월한 정보의 신속한 이동으로 국가간 빈부의 격차해소에도 기여하게 될 것이며 전체적으로 더욱 풍요롭고 안정된 세계가 도래할 것이다.

98.5. 전자화폐이야기

현금, 지갑이여 안녕!

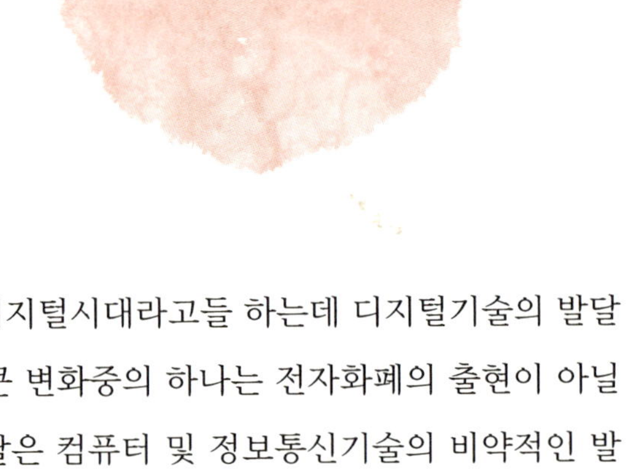

흔히 21세기는 디지털시대라고들 하는데 디지털기술의 발달이 금융부문에 가져온 가장 큰 변화중의 하나는 전자화폐의 출현이 아닐까 생각된다. 전자화폐의 발달은 컴퓨터 및 정보통신기술의 비약적인 발전을 계기로 금융의 정보화 내지 디지털화와 지급결제의 효율화, 안정화 도모를 그 배경으로 하고 있다.

전자화폐의 개념에 대해서는 통상 IC카드나 컴퓨터 네트워크와 같은 전자적 매체에 화폐적 가치를 저장하였다가 화폐처럼 사용하는 선불식 범용 지급결제수단으로 정의하고 있는데, 법적 성격이나 발행기관에 대해 아직껏 통일된 기준이나 명확한 해석이 없는 상황이다. 예컨대 전자화폐의 사용이 어느 정도 전국적 규모로 확산된 독일, 네덜란드, 벨기에, 싱가포르, 홍콩에서는 전자화폐의 성격을 예금과 유사한 상품 또는 소지인식 선불 지급결제수단으로 간주하고 발행기관도 은행으로 제한하면서 중앙은행과 감독당국의 규제와 감독을 받도록 하고 있는 반면에 미국, 캐나다, 영국, 일본과 같은 대부분의 나라들의 경우는 전자화폐가 아직 개발단계에 있어 전자화폐의 법적 성격이나 발행기관 또는 감독규제의 범위에 대해 유보적 입장을 취하고 있다.

보증수표, 현금 안녕

전자화폐는 기능면에서 화폐의 주요기능인 유통성, 범용성 및 양도가능성 등을 갖추고 있을 뿐 아니라 지급결제의 신속성, 원격지 송금불편해소, 잔돈수수의 불편 제거 등 여러 면에서 현재의 화폐가 지닌 단점을 보완하는 특성을 지니고 있다. 또한 앞으로 더욱 발전하면 개인간 자금이체는 물론 현금처럼 결제종료성과 익명성을 지니는 보다 완전한 화폐성moneyness을 지니는 전자화폐의 출현도 가능할 것으로 보인다. 더구나 전자화폐는 생산 및 거래비용이 기존 화폐와 비교할 수 없을 정도로 낮은데다 네트워크상에서 지급이 가능하기 때문에 디지털시대, 디지털경제의 보편적인 지급결제수단으로 부상할 가능성이 크다. 따라서 혹자는 전자화폐가 산업혁명에 버금갈 화폐혁명으로 21세기 인류문명에 새로운 패러다임을 가져올 것으로 전망하고 있다.

　　현재 국내에서도 다양한 형태의 전자화폐가 보급되고 있는데, 마스터카드사의 몬덱스, 비자카드사의 V-Cash, 한국형 전자화폐인 K-Cash, A-Cash, 마이비 등의 IC카드형 전자화폐 이외에, e코인, 엔캐쉬, 사이버패스 등 다수의 정보통신업체들이 발행하는 네트워크형 전자화폐가 있다.[6] 우리나라의 경우 전자화폐의 기능에 유사한 자기앞수표가 널리 사용되고 있고 아울러 가계소비지출의 약 80%건수기준가 현금거래이고 이 중 약 60%가 20만원 미만의 거래인 점을 감안해 볼 때 향후 전자화폐의 보급이 빠른 속도로 늘어날 것으로 보는 것이 필자의 생각이다.

　　앞으로 전자화폐의 발전이 우리 경제 및 사회 전반에 걸쳐 미칠 영향 및 문제점과 필요한 대응책에 대해 생각해 보자.

지갑 무엇에 쓰려고

　　우선 개인 소비생활에 미치는 변화를 생각해 보자. 현금 및 수표나 신용카드 거래에 따른 시간과 비용의 절감은 물론 원격지송금이 가능하다는 편리점이 있다. 전자화폐만 있으면 모든 결제가 'OK'이기 때문에 지금처럼 동전이나 지폐, 여러개의 신용카드가 담긴 두툼한 지갑을 갖고 다닐 필요가 없다. K-Cash처럼 온오프라인 겸용 전자화폐일 경우 오프라인 상점은 물론이고 사이버공간인 인터넷 쇼핑몰에서도 온라인 결제가 가능해 편리할 것이다. 더구나 최근 신문에 보도된 것처럼 휴대폰 안에 전자화폐 · 신용카드 · 교통카드 · 멤버쉽카드 등 다양한 기능의 IC 카드를 탑재할 경우 온라인와 오프라인 어디에서나 휴대폰으로 결제할 수 있어 전자결제가 촉진될 것이며, 적외선 방식의 경우 그 자리에서 결제가 이뤄지게 되어 더욱 편리할 것이다.

원스톱 쇼핑시대도래

둘째로 상거래활동은 어떠한 모습으로 변화할 것인가? 전자화폐는 거래가 전자결제로 이루어지기 때문에 판매자로서는 현찰관리에 따른 시간과 비용을 절약할 수 있고 수표나 신용카드거래에 수반되는 결제리스크를 줄일 수 있다. 현재 전자상거래의 대금결제에는 신용카드가 주로 이용되고 있는데 앞으로 전자화폐를 이용한 전자상거래가 보편화될 경우 상품주문에서부터 대금결제까지 모든 것이 네트워크상에서 즉시 이루어지는 원스톱 쇼핑의 시대가 열리게 되어 상거래의 효율성과 편리성이 크게 증진될 것이다. 왜냐하면 전자화폐는 신용카드와 달리 카드회사조회를 거치지 않고 즉시real time 결제되어 거래 및 결제과정이 훨씬 단축되기 때문이다. 나아가 전자화폐는 국제 B2B 거래전자무역, 사이버무역의 활성화에도 크게 기여할 것으로 예상된다. 최근 각국은 국제 B2B 거래에 급증에 따라 사이버상의 안전하고 신뢰할 수 있는 결제방식을 위한 다각적 방법을 모색하고 있는데 기존의 신용장, 추심, 송금 등의 결제방식을 전자화하거나 전자화폐전자수표, 전자신용카드와 전자자금이체electronic fund transfer를 결제네트워크로 개발하는 방안이 적극 논의되고 있다.

위 · 변조범 밥 굶는다

셋째로 전자화폐는 현금, 수표 및 신용카드보다 위변조나 도용이 상대적으로 어렵기 때문에 전자화폐의 이용은 금융기관이나 신용카드사들의 골칫거리인 위변조사건을 크게 줄일 수 있을 것이다. 아울러 화폐나 수표는 제조비용, 금고관리비용, 현송비용, 보관비용 및 폐기비용 등 엄청난 규모의 물적, 인적비용이 소요되고 특히 현금대용으로 많이 쓰이고 있는 자기앞수표의 경우 그에 수반된 여러 가지 문제점과 사회적 비용이 오래전부터 지적되고 있는데 전자화폐는 이 같은 제반 경제, 사회적 비용을 줄이는데 큰 몫을 할 것이다.

중앙은행의 역할 변화

넷째로 전자화폐의 발달은 중앙은행의 통화정책의 유효성에 영향을 미칠 것으로 예상된다. 이와 관련해서 미국 연준을 중심으로 하는 일부에서는 전자화폐 발행이 통화정책 수행에 근본적인 영향을 미칠 수 없다고 주장하는 반면 벤자민 프리드만Benjamin Friedman과 영란은행 등에서는 전자화폐발행이 통화정책에 상당히 부정적인 영향을 미칠 것으로 주장하고 있는데 어느 주장이 옳은지 현재로서는 속단하기 어려우나 전자화폐의 발전이 통화정책의 무력화無力化로까지 연결되지는 않는다 하더라도 통화승수나 유통속도 등에 변화를 초래하여 통화정책 수행에 애로요인으로 작용할 가능성이 클 것으로 생각된다. 더구나 국제간 전자상거래가 본격화되어 전자화폐가 자유로이 국경을 넘나들어 국가간 자금이동의 파악이 곤란해질 경우 외환관리 및 통화관리의 어려움이 가중되어 통화정책 당국의 영향력을 약화시킬 수 있다. 따라서 전자화폐 발행기관의 제한 및 감독문제, 통화관련통계의 개선 보완, 통화관리 방법상의 문제 등에 대한 대응책 강구가 필요하게 될 것이다.

전자화폐위원회가 필요

마지막으로 전자화폐의 발행 및 운영시스템에 대한 신뢰성 및 보안성 문제, 전자화폐 거래에 따른 소비자보호문제, 발행기관의 파산 시 이용자보호문제, 자금세탁 등 불법거래에의 악용 가능성 문제, 전자화폐시스템간의 호환성 결여 문제 등을 예상할 수 있다. 이와 관련해서는 전자화폐 발행관련 법규의 제정 운용을 통해 적절한 규제와 감독을 하는 것이 전자화폐의 발전을 위해 바람직 할 것이며 아울러 가맹점 확대 등 전자화폐 보급 인프라확충을 위한 금융 및 세제 지원책을 강구함으로써 이용자들이 온라인과 오프라인 어디서든지 안심하고 손쉽게 전자화폐를 사용할 수 있도록 하여야 할 것이다.

2002.8. 서울상대 동창회보

미래는 신용사회

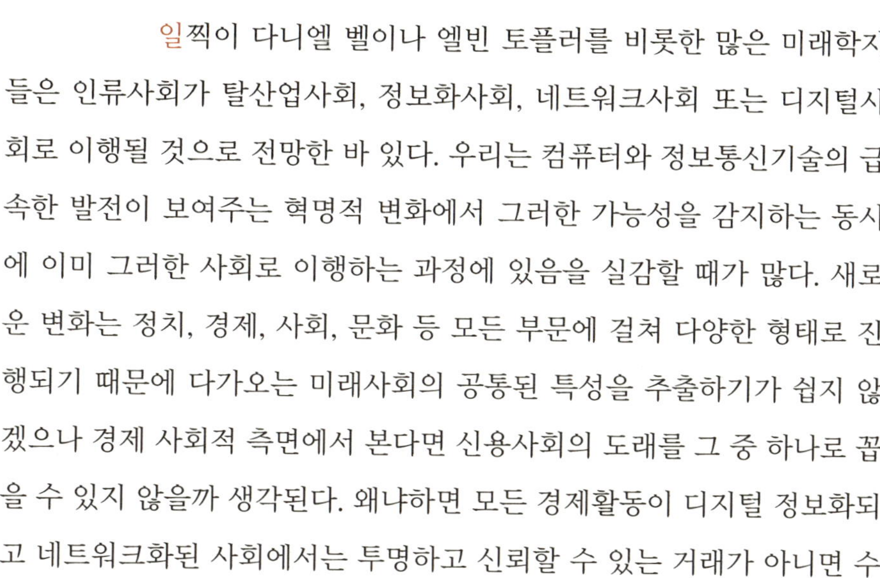

일찍이 다니엘 벨이나 엘빈 토플러를 비롯한 많은 미래학자들은 인류사회가 탈산업사회, 정보화사회, 네트워크사회 또는 디지털사회로 이행될 것으로 전망한 바 있다. 우리는 컴퓨터와 정보통신기술의 급속한 발전이 보여주는 혁명적 변화에서 그러한 가능성을 감지하는 동시에 이미 그러한 사회로 이행하는 과정에 있음을 실감할 때가 많다. 새로운 변화는 정치, 경제, 사회, 문화 등 모든 부문에 걸쳐 다양한 형태로 진행되기 때문에 다가오는 미래사회의 공통된 특성을 추출하기가 쉽지 않겠으나 경제 사회적 측면에서 본다면 신용사회의 도래를 그 중 하나로 꼽을 수 있지 않을까 생각된다. 왜냐하면 모든 경제활동이 디지털 정보화되고 네트워크화된 사회에서는 투명하고 신뢰할 수 있는 거래가 아니면 수용이 배제되고 신용불량자는 존재하기 어렵도록 시스템이 짜여질 것이기 때문이다.

　　다 아는 사실이지만 미국이나 유럽 등 선진국에서는 수표거래나 신용카드거래 또는 세금거래 등을 하다가 일단 신용불량자로 낙인찍힐 경우 엄청난 불이익을 당할 뿐 아니라 여간해서는 신용회복이 어렵도록 제도화되어 있기 때문에 신용사회가 어느 정도 뿌리내려 있다고 볼 수 있다. 그러나 우리나라의 경우에는 아직 신용사회가 제대로 정착되지 않은 관계로 신용기반의 경제활동이 원활히 발전되지 못하고 신용불량자가 되어도 사는데 별 지장이 없다라는 의식이 팽배해 있다. 실제로 과거 여러 차례 신용불량자에 대한 사면赦免을 실시한 바도 있어서 많은 사람들이 신용불량행위에 대한 도덕적 해이현상에 빠져 있음을 지적할 수 있다. 아울러 최근2003년 신용불량자가 350만 명에 달한다는 사실은 신용카드사들의 무리한 영업정책 및 경기침체 등에 직접적 원인이 있음을 부인할 수 없겠으나 신용사회정착을 위한 제도적 장치가 미흡하거나 결여된 데에 기인한다고 볼 수 있다.

　　지급결제제도의 발전측면에서 보면 일반적으로 현금사회, 수표사회를 거쳐 무현금·무수표의 신용사회로 이행된다고 한다. 신용사회에서는 신용카드, 직불카드, 전자화폐, 전자이체 등과 같은 전자적 결제시스템을 통해 경제주체간의 지급결제가 주로 이루어지게 되는데, 이러한 시스템은 개인의 금융저축, 소비행태, 신용상태를 포함한 모든 정보를 축적, 평가하여 경제활동에 참여하도록 되어 있기 때문에 신용우량자는 제대로 대우받는 반면 신용불량자는 불이익과 제재를 피할 길이 없어 모든 경제주체들이 신용불량자가 되지 않기 위해 적극적으로 노력하게 된다.

우리나라의 경우 전통적으로 현금선호도가 높았으나 90년대 이후 다양한 전자결제수단이 도입·보급·확대된 결과 GDP대비 현금사용비율이 3%대로 크게 떨어졌으며 99년 시행된 신용카드 소득공제와 복권제도에 힘입어 신용카드사용이 민간소비지출에서 차지하는 비중이 50%수준으로 급증하였다. 또한 지로결제, 전자계좌이체, 인터넷뱅킹 등의 전자결제비율이 건수기준으로 70%대에 이를 정도로 계속적인 증가세를 보이고 있으며[7] 전자화폐나 직불카드체크카드의 활성화도 예상되고 있다. 더구나 인터넷 거래를 지원할 수 있는 공인인증서나 전자세금계산서와 같은 새로운 제도들이 보다 확대될 경우 전자결제시대, 전자화폐시대를 앞당기게 되어 신용사회로의 이행이 보다 빨리 진전될 수 있을 것으로 전망된다.

이제 다가올 미래의 신용사회를 위해 몇 가지 제언한다.

첫째로 신용사회의 조기정착을 위한 정책당국의 근본적 대책이 마련되어야 하겠다. 우리사회에 만연되어 있는 신용불량의 도덕적 해이현상을 막고 합리적 소비행태와 건전한 신용카드문화를 유도할 수 있는 정책과 교육이 필요하다. 또한 80년대에 경험한 가계수표제도 실패사례를 거울삼아 카드사들의 무분별한 카드남발을 지양해야한다.

둘째로 전자화폐나 직불카드체크카드는 기본적으로 소득내 지출을 전제로 하는 것이므로 합리적 소비생활을 위한 적합한 결제수단으로 생각되며 따라서 이의 보급확대를 위한 제도적 방안이 강구되어야 한다. 아울러 휴대폰결제나 바코드결제 등 새로운 첨단결제수단의 개발보급을 위한 지속적 노력이 필요하다.

끝으로 진정한 선진 신용사회는 정치, 경제, 사회, 문화 등 나라 전체가 맑고 투명하게 연결된 네트워크사회로 이행될 때에 비로소 도래하지 않을까 생각된다.

2003.8. 단국대 신문 칼럼

21세기는 디지털시대

언젠가 지방에 들렸다가 거대한 굴뚝들이 우뚝 솟아있는 포항제철의 정문 위에 내건 '자원은 유한, 창조는 무한^{resource is limited, creativity is unlimited}' 이라는 현수막을 보면서 문득 굴뚝산업과 인터넷산업 또는 디지털산업은 상호 어떠한 관계에 있는 것인가, 있다면 과연 어떻게 조화할 수 있는 것인가 하는 생각이 들면서 묘한 느낌을 받은 적이 있다.

잘 아는 것처럼 인터넷산업은 '유한'한 자원을 효율적으로 활용해서 부가가치를 '무한히 창출'하고자 하는 디지털경제의 핵심으로 평가되고 있으며 그 원동력은 컴퓨터 정보통신기술혁명과 인터넷혁명에 있음은 말할 것도 없다. 또한 디지털경제는 정보기술을 모태로 비용을 최소화하고 인터넷이라는 네트워크를 통해 전 세계 구석구석까지 정보를 확산시켜 부가가치를 최대한 창출해 나가는 새로운 경제방식이라고 말할 수 있을 것이다.

21세기는 디지털 경제, 정보화 사회가 지배하는 시대라고 한다. 따라서 창조적 지식을 활용하는 산업의 비중이 점차 높아지면서 산업이 소프트화 되기 때문에 창조적 지식을 최대한 도출할 수 있는 능력이 보다 중요해 진다고 한다. 물론 이 말은 향후 지식정보산업만 중요해지고 농업이나 제조업은 필요 없다는 뜻이 아니라 정보화된 농업, 정보화된 제조업이 아니면 다가오는 무한경쟁시대에서 계속 살아남기 어렵다는 의미로 이해해야 할 것이다. 예를 들면 농업의 경우 전통적 농촌에서 기계화된공업화 농촌으로 다시 정보화된 농촌으로 변모하지 않으면 안 될 것이며 농민들은 인터넷을 통해 세계 각지에서 가장 싼값으로 종자를 주문하고 가장 비싼 가격으로 소비자에게 거래를 하는 방식을 추구해야 할 것이다.

21세기에는 규모의 경제보다는 범위의 경제와 연결network의 경제가 보다 효율성을 발휘하게 될 것이다. 정보기술의 발달로 산업간 업종간 네트워킹이 급속히 진행되면서 이질적 요소들을 결합해 상승효과를 거두는 디지털 컨버전스convergence현상이 활발히 일어나 새로운 영역을 창출하게 될 것이며, 또한 언제 어디서나 필요시 컴퓨터를 이용할 수 있는 소위 유비쿼터스^{ubiquitous computing} 세계가 현실화될 것이다.

최근 바이오 케미컬, 바이오 일렉트로닉스, 인터넷 전자레인지, '휴대폰＋TV＋MP3' 등과 같은 디지털 컨버전스 제품들이 속속 등장하고 있는 것은 좋은 예라 할 수 있다. 아울러 기업조직이나 기업경영에도 커다란 변화가 일어나 생산 기획에서부터 자재조달, 제조생산, 판매관리 등 모든 업무가 컴퓨터와 네트워크로 통합돼 일관되고 효율적으로 처리되며 전자상거래가 새로운 유통형태로 확실하게 자리 잡게 될 것이다. 아울러 우리의 의식주 등 일상생활에도 엄청난 변화가 일어나 공상 과학 소설과도 같은 새로운 라이프 스타일이 전개될 것으로 예상된다. 컴퓨터화된 변기가 가족의 건강상태를 분석해 주고, 냉장고는 식품이 떨어지면 자동으로 주문에 들어가고, 먹고 싶은 요리버튼을 누르면 전자레인지가 알아서 조리를 해주고, 방안의 온도와 환기는 컴퓨터로 최적상태로 자동 조절되고, 무인승용차와 지능형 교통시스템, 입는 컴퓨터^{wearable computers}의 등장, 재택근무의 보편화 등을 통해 모든 일이 대부분 가상공간에서 이루어지는 사이버시대가 될 것이다.

이와 같은 21세기 디지털시대, 사이버시대와 분리해서 생

각할 수 없는 것이 전자화폐, 전자금융, 전자상거래이다. 특히 전자화폐
전자결제는 네트워크시대에 걸맞는 새로운 첨단 지급수단으로 어쩌면 화폐
혁명으로 불리울 만큼 21세기의 한 가운데 위치하게 될 것으로 예상되고
있다.

　　　　요즈음 우리나라만 해도 각양각색의 전자화폐와 전자결제
솔루션이 봇물처럼 쏟아지고 있는데 전자결제의 발전이 수반되지 않고
서는 인터넷상거래나 사이버시대의 본격적 발전을 기대하기 어려울 것
으로 보인다. 아직은 초창기에 있고 또한 불편하다거나 미덥지 못하다는
인식때문에 전자화폐가 비교적 발달한 일부 국가에서조차도 현재로서는
그 사용이 활성화되어 있지 않지만 앞으로 보안성과 익명성 및 신뢰성과
함께 온라인·오프라인에서 동시에 사용할 수 있는 범용성과 다양한 부
가기능이 확산된다면 디지털시대에 딱 맞는 새로운 화폐로 확실히 자리
잡게 될 것이다.

2004.1. 단국대 신문 칼럼

End Notes

1 10년이 지난 2009년 현재 우리나라의 수표거래비중(건수 및 금액)은 13% 미만으로 크게 줄어들었다.

2 2010년중 자기앞수표의 거래규모는 일평균 290만건, 4조원에 달하는데 전자지급수단의 이용 확대와 5만원권 지폐 발행 등의 영향으로 계속 줄어드는 추세이다.

3 2000년에 서울지역을 중심으로 시작하다가 2002년부터 전국적으로 실시되었다. 2010년말부터는 IPS를 도입하여 어음과 수표의 전자정보교환을 전국적으로 실시하고 있다.

4 우리나라는 어음제도의 폐해가 많아 2005년에 전자어음제도를 먼저 도입하였다.

5 돈과 언어는 공통점이 있다. "땡전 한푼 없다"는 말이 있는데, 이는 조선말 흥선대원군이 발행한 '당백전(當百錢)'이 '땅전'으로 다시 '땡전'으로 점차 경음화되어 오늘에 이어진 것이라 한다.

6 우리나라의 2009년중 전자화폐이용실적은 일평균 30만건 거래에 이용액은 2.6억원이다.

7 그 동안 신용카드, 인터넷뱅킹 등의 이용확대로 우리나라의 2009년 현재 전자결제비율은 건수기준 89%, 금액기준 87%로 크게 높아졌다.

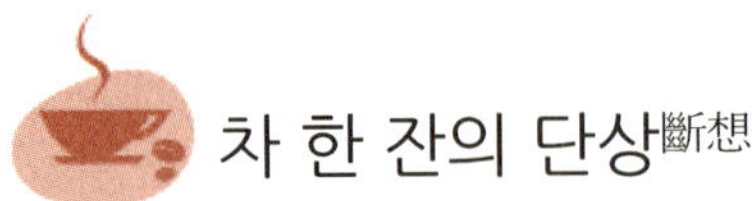

차 한 잔의 단상斷想

갈, 봄, 여름 없이 산이 좋아

지금 살고 있는 아파트가 광교산자락에 자리 잡고 있어 도심都心에 살던 때와 달리 계절의 변화를 제때에 느낄 수 있어 좋다. 현관문을 열면 바로 오솔길이어서 등산복 차림을 해야 하거나 자동차를 타야 하는 등의 번거로움 없이 집안에서 입던 편한 옷차림 그대로 산에 오를 수 있어 자주 산을 찾게 된다.

베란다 창문을 통해 들어오는 산의 모습은 봄, 여름, 가을, 겨울, 일 년 사계절 철마다 풍경이 사뭇 다르다. 봄에는 화사한 꽃물결이 벌이는 봄꽃들의 축제가 무릉도원武陵桃源의 환상적인 분위기를 연출해 내고, 여름에는 녹음방초綠陰芳草 무성한 푸른 숲속에 새들이 날아드는 산수화山水畵가 그려지는가 하면, 가을엔 산 전체가 단풍으로 붉게 물들어 아름다운 한 폭의 수채화가 펼쳐진다. 그런가 하면 겨울엔 앙상한 나뭇가지들의 삭막한 모습과 하얀 설경雪景이 잿빛 하늘과 어우러져 한 폭의 동양묵화東洋墨畵를 연상시킨다.

며칠 전 봄비가 촉촉이 내리자 초록빛 안개가 산허리를 휘감더니 갑자기 산 전체에 봄빛이 완연하다. 이른 새벽 노오란 개나리가 활짝 핀 오솔길을 따라 숲 속을 걸으니 연분홍 진달래와 진홍색 철쭉꽃이 나를 반기듯 수줍게 피어 있고, 하얀 벚꽃과 노란 산수유가 화사한 자태로 눈앞에 다가온다. 이따금 하얀 꽃잎이 바람결에 눈발처럼 흩날리는 것이 너무나 고혹적이고 아름답다. 화사한 벚꽃잎에 매료되어 나도 모르게 벚꽃나무 아래로 끌려가니 여리디 여린 꽃잎의 맑고 고운 모습이 청순한 여인같아 잠시 넋을 잃고 바라본다. 꽃잎 하나가 살포시 얼굴에 떨어지며 부드러이 입맞춤한다. 지난해 가을낙엽이 아직도 수북이 쌓여있는 길섶에는 이름 모를 풀꽃들이 함초롬이 고개를 내밀기 시작하고, 봄비를 머금은 수목樹木들은 가지마다 파릇파릇 새봄을 움틔우고 있다.

갑자기 푸드득 하는 소리에 깜짝 놀라 쳐다보니 까투리 한 마리가 하늘로 박차 오른다. 아마 고요한 새벽 적막을 깨뜨리는 내 발걸음 소리에 놀랐나 보다. 괜스레 미안한 생각이 들어 발소리를 낮추고 조용히 걷는다. 맑고 깨끗한 새벽공기가 코끝을 스친다. 가슴속 깊이 청정淸淨한 공기를 한껏 들여 마셔본다. 아직 이른 시각이라 그런지 오늘따라 옹달샘 주변에는 인적이 없다. 누군가 나뭇가지에 걸어놓은 표주박으로 한가득 물을 떠서 입 안 가득 넣는다. 차고 시원한 맛이 그야말로 '깊은 산속 옹달샘'이다. 자연은 참 아름답고 고맙고 소중하다는 생각이 절로 든다. 어느새 먼 동녘 하늘에 여명黎明이 밝아 온다.

산이 빚어내는 모습과 정취情趣는 계절마다 다르고 또한 낮과 밤이 사뭇 다르다. 밤하늘에 조각달이라도 걸리고 별빛이 흐르는 밤이 되면 산은 갑자기 거대한 생물체로 둔갑하는 것 같다. 고요하다 못해 심연深淵 같은 적막 속에서 숲나무들이 깊은숨을 내쉬며 밤잠에 들어가면 밤안개가 아스라이 밀려온다. 숲 속 어디선가 이따금 들려오는 날 짐승의 울음소리가 묘한 여운과 분위기를 자아내며 가슴을 메이게 한다. 어이하여 잠 못 이루고 뒤척이는 것일까? 달빛 아래 저만치 산사山寺뒤로 하얀 목련꽃이 나무 가득 환하다. 문득 좋아하는 시조 한 구절이 떠오른다.

이화梨花 월백月白하고 은한銀寒이 삼경三更인제
일지一枝 춘심春心을 자규子規야 알랴마는
다정多情도 병病인가 하여 잠 못 들어 하노라

고고呱呱한 달빛아래 배꽃이 하얗게 피어 있는 이른 봄의 정경情景이 눈에 선하다. 밤은 깊어 가는데 봄을 기다리는 마음에 잠 못 들어 하는 것은 저 나뭇가지나 내 마음이나 마찬가지인 모양이다.

이른 봄이라 아직은 옷깃에 스며드는 밤공기가 차가웁다. 옷깃을 여미고 마음을 추스르며 가만히 귀를 기울여 본다. 대자연의 숨결과 섭리가 느껴지고, 생명의 신비로움을 교감交感할 수 있다. 꽃이 피고, 꽃이

지는 소리, 잎사귀가 돋아나고 열매를 준비하는 소리, 다람쥐와 풀벌레와 뭇 날새들의 살아가는 소리, 바람소리, 물소리, 달빛과 별빛들이 속삭이는 소리, 풀잎에 밤이슬 맺히는 소리들이 들린다. 어디 그뿐이랴, 누군가의 말대로 거기에는 시詩가 있고, 음악이 있고, 사상思想이 있고, 종교가 있으며, 끊임없이 생명을 소생시키는 영원한 창조創造와 안식安息이 있다.

요즈음 법정스님의 '산에는 꽃이 피네'란 수필집을 다시 찾아 읽고 있다. 몇 년 전에도 애독한 적이 있었는데 청빈淸貧의 도道와 맑고 향기로운 삶을 추구하는 스님의 말씀을 읽다보면 나 또한 마음이 맑아지고 영혼의 갈증이 풀리는 것 같아 시간이 날 때마다 즐겨 읽는다. 스님은 말씀하신다. "자연의 질서를 따르는 삶, 무소유無所有의 삶, 고구마 하나까지도 산짐승과 나눠 먹는 삶을 살라"고 말이다.

지금은 디지털시대라고들 한다. 지식과 정보가 강조되고 세상의 모든 것을 0과 1이라는 숫자로 바꾸어 이해하고 분석하는 이른바 디지털시대에 우리들은 살고 있다. 그러나 우리들의 따뜻한 마음과 섬세한 감성까지를 모두 디지털화할 수는 없는 일이 아닌가. 그렇지 않아도 날로 각박해지고 삭막해지는 우리들의 사회가 더욱 더 몰인간화沒人間化되고 몰가치화沒價値化되지 않을까 걱정된다. 지식과 정보의 디지털화가 가속화되면 될수록 오히려 우리의 심성과 영혼은 아날로그 상태를 유지한 채 보다

인간화되고 자연화되어야 되지 않을까 생각된다. 그래서 나는 휴먼 디지털Human Digital이라는 용어를 좋아한다. 그 말에는 인간화와 디지털화를 동시에 추구하는 의미를 담고 있는 듯 느껴지기 때문이다.

우리네 도심都心에는 너무나 숲이 없다. 도시 전체가 콘크리트 빌딩과 시멘트 아파트로 가득 차있어 숨이 막힐 지경이다. 런던이나 파리처럼 시내에 곳곳이 울창한 나무숲과 연못이 있어 새들이 지저귀고 사람들이 한가로이 산책하고 쉴 수 있는 휴식공간이 있다면 우리들의 삶은 보다 여유롭고 윤택해 질 것이다. 한강변에 울창한 나무숲이 즐비하게 늘어서 있는 풍경은 상상만 해도 시원하다.

새봄을 맞아 우리 모두 꽃과 숲을, 산과 강을 사랑하고 아끼며 그들의 소리에 유심히 귀를 기울일 줄 아는 시인詩人의 마음을 가져보자. 아니 우리들의 마음과 영혼에 아름다운 꽃을 피우고 푸른 숲을 가꾸어 보자. 그러면 우리들의 가슴은 따뜻해지고, 정서는 순화純化되며, 감성은 세련되어 혼탁하고 각박한 이 사회가 이웃을 사랑하고 배려할 줄 아는 아름다운 세상으로 바뀔 것이다. 부질없는 탐욕貪慾과 허상虛想에서 벗어나 이제 청정淸靜한 심령으로 벚꽃같이 깨끗하고, 맑은 삶을 살아가는 우리들이 될 수 있기를 소망해 본다.

머얼리 산사山寺로부터 우리의 영혼을 일깨우는 범종梵鐘소리
가 은은하게 들려오는 것 같다.

2003.3. 금결원 사보 권두수필

제 2 장

접속의 시대
—전자결제시대

* 차 한 잔의 단상斷想–다빈치 코드와 디지털 코드

접속의 시대가 오고 있다

정보통신혁명이 우리의 삶을, 우리의 미래를 어떻게 변화시킬 것인가? '거리의 소멸@디지털혁명'의 저자 프랜시스 케언크로스 Frances Cairncross와 '접속의 시대' 저자 제레미 리프킨Jeremy Rifkin이 예측하는 미래에 대한 안목은 정말로 뛰어나고 흥미롭다.

케언크로스는 자동차, 비행기와 같은 운송수단을 통해 그동안 인류가 노력해온 물리적 거리제약 극복의 역사는 최근의 정보통신기술의 발전을 계기로 마침내 새로운 전기를 맞고 있다고 진단하면서 컴퓨터와 정보통신기술의 결합이 더 이상 거리가 존재하지 않는death of distance, 즉 시공을 초월한 인터넷세계, 사이버 스페이스를 탄생시킨 가운데 앞으

로 정치 · 경제 · 사회 · 문화적으로 다양한 변화와 비약적 발전을 이루게
될 것으로 전망하고 있다.

리프킨은 이제까지의 산업자본주의사회가 물적 자본에 바탕
을 두고 재산의 소유를 추구하던 시대라고 한다면 다가오는 네트워크 사
회, 사이버세계에서는 소유가 아닌 접속의 시대age of access가 될 것임을 예
상하고 있다. 접속의 시대에서는 무엇을 소유했느냐 보다는 자신이 원하
는 바를 자신이 원하는 시각에 네트워크에 접속해서 얻는 것이 중요시되
며, 물리적 자본과 재산의 소유보다는 지식정보, 기술, 아이디어같은 탈
물질화된 것들이 보다 큰 가치로 인정받으며 또한 일과 노동보다는 오락,
쾌락과 같은 삶의 기쁨과 가치추구에 무게를 두게 될 것으로 전망하고
있다.

이와 같은 변화와 미래의 모습은 우리의 일상생활 및 상거래
활동과 불가분의 관계에 있는 지급결제의 세계에서도 동일할 것이다. 지
금과 같은 물리적 형태의 화폐는 사라지고death of money, 전자화폐와 네트
워크화폐 또는 계좌이체를 통한 전자적 결제시대가 될 것이며 그 것은 바
로 네트워크에의 접속을 통해서 결제가 이루어지는 것을 의미하는 것이
다. 종래 원격지송금이나 수표의 추심에 여러 날이 소요되었지만 요즈음

에는 많은 사람들이 인터넷 뱅킹이나 모바일 뱅킹 또는 텔레뱅킹을 이용해서 순식간에 어디든지 실시각으로 자금이체를 끝내 버린다. 이러한 것들은 결국 은행네트워크에 클릭해서 이루어지는 대표적인 접속결제의 한 형태인 셈이다. 교통카드의 경우도 마찬가지이다. 예전엔 고속도로통행료를 지불키 위해 톨게이트 앞에서 자동차를 멈춰야 했지만 이제는 시속 120km로 달리는 자동차 속에서도 하이패스기능이 장착된 카드와 교통단말기의 순간접속을 통해서 간편하게 결제가 이루어지고 있다.

신용카드의 경우도 마찬가지이다. 지금 우리가 쓰고 있는 물리적 형태의 신용카드는 궁극적으로 사라지고 카드정보가 들어간 칩Chip이 내장된 휴대폰을 적외선이나 RF방식으로 단말기에 접속해서 결제하는 형태로 바뀌게 될 것이다. 나아가서는 이와 같이 유형의 결제수단을 소유하고 다닐 필요 없이 본인의 지문이나 음성과 같은 생체정보를 카드정보와 함께 미리 네트워크에 등록해 놓고 언제 어디서든지 필요할 경우 네트워크에 접속해서 생체정보를 인식함으로써 결제를 실행하는 시대가 본격화될 것이다. 이렇게 되면 결제수단을 분실하거나 위변조의 염려가 없어 좋을 것이며 그야말로 접속의 시대가 되는 것이다.

또한 이와 같은 전자결제의 발전추세는 결제정보를 전달하는 네트워크의 발전과 아울러 지급결제의 방식을 현재의 유동성 교환형태에서 미래에는 부富의 교환 혹은 부富에 관한 정보의 교환형태로 바뀌는 시대가 올 가능성을 예고해 준다고 볼 수 있다. 그렇게 되면 개인이나 기업의 유동성 자산은 물론 투자유가증권이나 아파트, 건물 등 실물자산까지 포함한 모든 재산富이 네트워크로 등재되어 관리되는 소위 '부富의 계정'으로 관리되는 시대가 도래할 것이다. 이같은 부의 계정은 자산의 포트폴리오과정에서 스스로 가치증식 및 위험관리를 도모한다는 측면에서 어느 학자는 네트워크화폐 또는 인텔리전트화폐라고 부르고 있다. 이같은 시대는 그야말로 케언크로스가 말한 거리의 개념이 사라진 고도의 네트워크사회에서나 가능할 것이며 또한 리프킨이 말한 접속의 시대를 의미하는 것이 아니겠는가?!

2003.11. 단국대 신문 칼럼

전자결제시대가 열리다

빌게이츠는 '비즈니스@생각의 속도'라는 저서에서 21세기 디지털시대의 청사진과 함께 디지털혁명이 금융, 경제, 사회 전반에 걸쳐 미칠 변화와 파급효과에 대해 실감나게 얘기하고 있다. 우리는 그것이 더 이상 먼 미래, 먼 나라 얘기가 아니라는 사실을 이미 우리들의 주변에서 목격하고 있다. 홈뱅킹, 펌뱅킹 또는 휴대폰을 통해 은행잔고조회나 자금이체를 하고 증권투자나 전자상거래를 하는가 하면 백화점이나 기업체들은 PC통신과 인터넷에 친숙한 네티즌을 유치키 위해 열띤 경쟁을 벌리고 있고, 인터넷 뱅킹과 인터넷 쇼핑몰 개설이 한창이다.

이제 컴퓨터와 정보통신기술의 비약적인 발전은 경제사회

의 혈액에 해당하는 화폐의 모습까지도 변형시켜 새로운 형태의 돈을 예고하고 있다. 이른바 전자화폐가 바로 그것인데 디지털머니^{digital money}, 사이버 캐시^{cyber cash}, 전자지갑^{electronic wallet} 등 다양한 명칭으로 불리는 전자화폐의 실용 가능성에 대한 실험이 그 동안 미국, 호주, 캐나다, 일본, 유럽 등 많은 나라에서 실시되어 왔다. 마침내 우리나라에서도 지난 2000년 7월 26일부터 서울 역삼동 일원을 대상으로 전자화폐 시범사업이 시작되어 바야흐로 전자결제시대가 열리는 게 아닐까 기대된다.

발전배경

전자화폐의 발전배경은 90년대 이후 급격한 금융환경 변화 속에서 전자결제수단을 매개로 한 거래비중이 급속히 늘어나면서 편리성 및 안전성이 뛰어난 새로운 결제수단의 필요성이 제기되고 아울러 이를 뒷받침할 수 있는 IC카드의 개발과 암호기술이 획기적으로 발전한 데에 기인한다. 아울러 최근의 PC보급확대와 인터넷 전자상거래의 급증현상도 전자화폐의 발전을 촉진시키는 촉매역할을 했다고 볼 수 있다.

이제까지 전자상거래에서의 결제수단으로 흔히 신용카드가 이용되어 왔는데, 신용카드는 은행을 거쳐서 결제되는 절차상의 불편이 있을 뿐 아니라 카드사용에 따른 비용도 많이 들고, 카드정보의 위변조 및 악용가능성 등 보안상의 취약성이 커서, 보다 편리하고 안전하며 실시간real time 결제가 가능한 전자화폐의 개발이 이루어지게 된 것이다.

전자화폐의 법적 정의나 성격에 대해서는 아직 국제적 기준이나 통일된 유권해석이 확정되지 않은 상황이다. 다만 BIS 지급결제위원회와 유럽중앙은행이 "전자화폐란 화폐가치를 전자적으로 저장한 소지인식 선불 지급수단이다"라고 개괄적으로 정의하고 있는 정도이다.

현재까지 많은 나라에서 개발되었거나 개발 추진 중에 있는 전자화폐의 종류를 보면 크게 카드형과 네트워크형의 두 가지로 나눌 수 있다.

IC카드형의 경우 IC칩을 내장한 스마트카드로서 충전단말기를 통해 자신의 예금계좌에서 카드로 돈전자화폐을 충전하였다가 카드단말기가 있는 상점에서 사용할 수 있다.

한편 네트워크형은 PC나 인터넷 가상은행에 전자화폐를 저장하여 대금결제에 사용하는 방식이다. 우리나라에서도 인터넷상 디지털 상품의 거래가 늘어나면서 e코인, 아이민트, 애니카드, 이지캐시, 사이버패스 등 다양한 형태의 소액 전자화폐가 등장하고 있는데 이들은 단순한 형태의 네트워크형 전자화폐라고 할 수 있다.

전자화폐의 신속성 / 안전성 / 유용성

전자화폐의 가장 큰 특징은 현재 우리가 쓰고 있는 현금이나 수표와 같은 전통적 결제수단을 대체하는 말하자면 무현금, 무수표 사회 cashless, checkless society를 지향하는 미래형 첨단화폐라고 하는 점이다.

전자화폐는 디지털화폐이기 때문에 1원 단위까지도 얼마든지 지불이 가능하여 거스름돈 수수의 불편이 사라질 뿐만 아니라 신용카드와 달리 전화선 등을 통해 카드소지인의 신분 및 예금상태 등을 조회하거나 사인을 받을 필요 없이 불과 몇 초만에 결제가 끝나버려 신속, 간편하기 때문에 디지털시대에 안성맞춤이다.

전자화폐는 본인만이 알 수 있는 비밀번호가 있어 도용이나 위변조가 거의 불가능하다. 최근 컬러프린터와 컴퓨터 스캐너를 이용한 화폐위조가 계속 늘어나고 있는데 전자화폐는 이러한 문제들을 상당 부분 해소할 수 있다. 뿐만 아니라 현금화폐의 단점인 원격지 송금불편의 해소, 막대한 발권제조 비용 및 보관수송에 따른 비용절감, 도난위험의 감소와 같은 여러 가지 유용성을 지니고 있다.

통화관리의 과제

전자화폐의 발전은 앞으로 통화정책수행 및 중앙은행의 시뇨리지Seigniorage, 독점적 화폐발행 수익에 영향을 미칠 수 있다. 도입초기에는 별 영향이 없겠지만 전자화폐의 사용이 점차 증가함에 따라 민간의 현금보유비율의 감소, 통화승수 확대, 통화수요통화지표의 불안정성증대로 통화정책의 유효성에 영향을 미칠 가능성이 있다.

따라서 미국, 일본, 유럽은 물론 우리나라에서도 전자화폐의 신뢰성과 무결성無缺性확보를 위해 전자화폐의 개발준비와 실험에 많은 시간과 노력을 기울이고 있다.

2000. 8. SK사보

전자화폐의 기능과 특징

수년전까지만 해도 전화라고 하면 고정된 장소밖에 이용할 수 없는 것으로 알았으나, 요즈음에는 각종 휴대용 이동전화가 일반화되어 있고, 휴대폰으로 은행잔고조회와 대금결제는 물론 증권투자나 전자상거래까지도 할 수 있다. 백화점이나 기업체들은 PC통신과 인터넷에 친숙한 네티즌netizen 또는 N세대Net Generation 고객을 유치키 위해 뜨거운 경쟁을 벌이고 있고, 인터넷 쇼핑몰개설이 붐을 일으키고 있다. 그런가 하면 과연 우리들이 인터넷세계에서 살아갈 수 있는지를 실험해 보는 소위 인터넷 서바이벌게임도 벌어지고 있지 않은가?

다가오는 21세기 디지털시대는 경제사회의 혈액에 해당하는 화폐의 모습까지도 변형시켜 새로운 형태의 돈을 예고하고 있다. 이른바 전자화폐^{전자결제}가 바로 그것이다.

전자화폐의 실체는 무엇인가? 도입효과와 유용성은 무엇일까? 전자화폐의 개발에 열띤 경쟁을 벌이는 이유는 무엇일까? 발행주체는 누가 될 것인가? 금융시장과 상거래에는 어떠한 영향을 미칠 것인가?

전자화폐를 둘러싸고 있는 이러한 문제들을 구체적으로 살펴보자.

전자화폐의 기능

전자화폐란 신용카드만한 IC카드에 은행예금의 일정액이 전자기호^{photon}로 저장되어 있어 이를 물품·서비스 구매에 사용할 경우 동 저장금액이 판매자의 단말기로 이전되어 결제되는 전자지급결제수단을 말한다. 예컨대 지하철카드나 공중전화카드 또는 버스카드와 같은 선불카드도 전자화폐의 범주에 속한다고 볼 수 있다. 다만 이같은 선불카드는 단일목적용^{single purpose}으로 제한되어 있는 반면 전자화폐는 범용성을 지닌 다목적용^{multi purpose}이기 때문에 화폐와 유사한 기능을 수행할 수 있다. 어찌 보면 우리나라에서 화폐대용으로 보편화된 자기앞수표를 발전시킨 개념으로 볼 수도 있다. 전자화폐를 사용하려면 거래은행에 가서 전자지갑IC카드을 발급 받은후 CD/ATM이나 특수 단말기를 사용하여 자신의 예금계좌에서 전자지갑으로 일정금액을 충전시킨다.

물품구매나 서비스대금의 지불시 판매자의 단말기에 전자지갑을 대면 대금이 즉시 판매자의 단말기로 이체된다. 이때 신용카드와 달리 별도의 신용조회가 필요치 않으나 정당한 사용자인지를 알고 싶으면 개인식별번호PIN를 확인하면 된다. 판매자는 단말기에 집적된 금액을 자신의 거래은행 계좌로 이체시킬 수 있음은 물론이다.

전자화폐는 화폐의 주요기능인 유통성, 범용성, 양도가능성, 익명성, 결제완료성 등을 갖추고 있을 뿐 아니라 현금화폐의 단점인 원격지 송금불편, 보관수송비, 잔돈수수의 불편이나 도난 위험성 등을 해소시키는 장점도 갖추고 있어 앞으로 현금이나 수표 등 소액 결제수단을 크게 대체할 것으로 보인다. 또한 전자화폐는 전자네트워크를 통해 대금결제가 즉시real time 이루어지기 때문에 오늘날 상거래가 갖는 복잡다기한 채권 채무의 결제과정을 신속·간편하게 처리할 수 있다. 결제대금을 송금하거나 추심하느라 며칠씩 기다릴 필요가 없으며 이에 따른 결제 리스크도 크게 줄일 수 있다.

전자화폐의 발전은 지급결제행태가 유동성 교환방식에서 부富의 교환 혹은 부富에 관한 정보교환방식으로 바뀔 수 있을 가능성을 암시해 준다. 아마 언젠가는 개인이나 기업의 예금, 유가증권, 부동산 등 자산 전체를 관리하는 시대가 도래할지도 모른다. 미국 뱅커스 트라스트회사의 샌포드 회장은 앞으로 금융자산 및 실물자산의 증권화가 촉진됨으로서 2020년에는 웰스카드wealth card가 보편화될 것으로 예측한바 있다. 최근 우리나라에 도입된 '랩 계정Wrap Account'이나 '자산유동화 증권ABS'도 바로 이를 향한 하나의 과정으로 볼 수 있지 않을까 생각된다.

IC카드형과 네트워크형

전자화폐는 화폐가치를 저장하는 전자적 매체의 종류에 따라 IC카드형과 네트워크형으로 분류할 수 있다. 미국은 네트워크형의 전자화폐를, 영국 등 유럽국가들은 IC카드형 전자화폐의 개발에 중점을 두고 있는데 궁극적으로는 이 둘을 결합시킨 통합형 전자화폐가 개발될 것이다.

IC카드형은 IC칩을 내장하고 있어 신용, 직불 등 다양한 기능도 겸할 수 있다. 카드소지자간 화폐가치의 이전이 가능하냐 여부에 따라 개방형open loop과 폐쇄형closed loop이 있는데 현재 대부분의 나라에서 채택하고 있는 폐쇄형으로는 영국의 몬덱스, 미국의 비자캐시, 한국의 K-캐시가 있고, 개방형은 영국의 몬덱스 카드가 유일하다.

한편 네트워크형은 인터넷을 통해 거래은행에 접속하여 전자화폐를 대금결제에 사용하는 방식인데 현금형, 신용카드형, 수표형으로 세분될 수 있다. 최근 인터넷상거래의 급속한 발전에 따라 네트워크형 전자화폐의 개발이 보다 주목을 받고 있다.

우리나라에서도 신용카드사와 정보통신업체, 금융기관 등을 중심으로 다양한 형태의 전자화폐 개발이 추진되고 있는데 한국은행과 금융결제원 등 금융기관이 공동개발해서, 2000년 3월부터 시범실시 예정인 K-캐시는 신용, 직불기능도 겸한 IC카드형 전자화폐로 카드소지자간의 자금이체가 안 되는 폐쇄형이다.

유용성과 도입효과

전자화폐가 지니는 유용성과 도입효과는 다양하다. 우선 소비자가 가장 매력적으로 느끼는 점은 편리성이라 할 것이다. 잔돈이나 수표책을 갖고 다닐 필요가 없고 신속한 거래와 비용절감은 물론 원격지송금이 가능하고 또한 도용 및 위변조 위험이 적어 수표나 현금보다 선호할 가능성이 크다.

판매자로서는 현찰관리에 따른 시간과 비용을 절약할 수 있고 대금결제의 리스크를 줄 일수 있다. 원격지의 소비자와도 거래 결제가 용이하고 IC카드에 의한 고객관리 등 마케팅에도 유용할 수 있다. 금융기관은 현금지급업무에 따른 비용절감과 함께 예금증대로 자금여력이 증대하는 등 많은 이점이 있다. 고객별 정보관리를 통해 신규 서비스개발도 가능하다. 만일 은행이 아닌 비은행기관이 전자화폐 발행자가 될 경우 발행과 결제시점 시차에 따른 막대한 규모의 자금보유수익floating이익도 기대할 수 있다.

전자화폐가 도입될 경우 최근 은행권이나 신용카드사들이 골머리를 앓고 있는 위변조 사건급증에 따른 문제들을 크게 줄일 수 있다. 또한 현재의 화폐지폐와 동전는 화폐제조비용, 금고관리비용, 화폐폐기 및 현송비용 등 제조 및 관리에 엄청난 물적, 인적 비용이 소요되는데 전자화폐는 이 같은 경제, 사회적 비용을 줄이는데 크게 기여할 것이다.

전자화폐는 카드조회 등 까다로운 절차없이 즉시real time 결제되어 거래 및 결제과정이 단순화 될 수 있기 때문에 앞으로 인터넷상거래의 새로운 결제수단으로 등장하여 전자상거래의 활성화에 크게 기여할 것으로 보인다. 상품주문서부터 대금결제까지 모든 것이 네트워크상에서 이루어지는 소위 원스톱 쇼핑이 가능해 지는 것이다.

나아가 전자화폐는 상품가격책정이나 매매거래에도 새로운 변화를 가져올 것이다. 지금처럼 잔돈거래가 불편해서 '50원' 또는 '100원'단위로 가격을 책정하는 대신에 원단위까지도 가격을 책정할 수 있다. 아울러 고객이 원하는대로 상품을 쪼개어 파는^{예컨대 월간잡지의 특집기사, CD판의 특정곡, 단행본의 특정 페이지만을} 소위 '마이크로 페이먼트 거래^{micro payment transaction}'가 등장할 수 있다. 최근 우리나라에 등장한 MP3플레이어 자판기의 경우 동전을 넣으면 원하는 음악파일만 구매할 수 있어 인기를 끌고 있다고 하는데, 이러한 소액거래용으로 전자화폐는 정말 딱이다.

전자화폐의 발행기관은?

전자화폐는 누가 발행하는가? 이에 대해서는 아직까지 의견이 정립되어 있지 않다. 유럽 각국의 중앙은행들은 대체로 전자화폐의 발행주체는 은행으로 제한되어야 한다는 입장이다. 결제 시스템의 안정성, 전자화폐이용자의 보호문제, 통화정책 등의 측면에서 볼 때 은행^{또는 중앙은행}이 발행주체가 되는 것이 바람직하다는 주장이다. 예를 들어 공공성이 없는 민간업자들이 발행할 경우 표준화가 이루어지지 않아 다수의 IC카드를 지녀야 하는 불편 가능성과 함께 발행자의 파산시 소비자피해 문제 등을 예상할 수 있다.

이에 따라 현재 전자화폐를 전국적으로 사용하고 있는 독일, 네덜란드, 벨기에, 싱가포르, 홍콩에서는 발행기관을 은행으로 제한하고 있다. 그러나 미국, 영국, 캐나다 등의 입장은 이와 다르다. 전자화폐의 도입에 따른 제 문제를 예상할 수는 있으나 아직은 도입초기 단계이므로 민간의 창의와 기술혁신을 적극 유도하기 위해서 발행기관의 범위를 미리 제한할 필요가 없다는 생각이다.

99.8. 월간 공인회계사

전자화폐의 주요과제

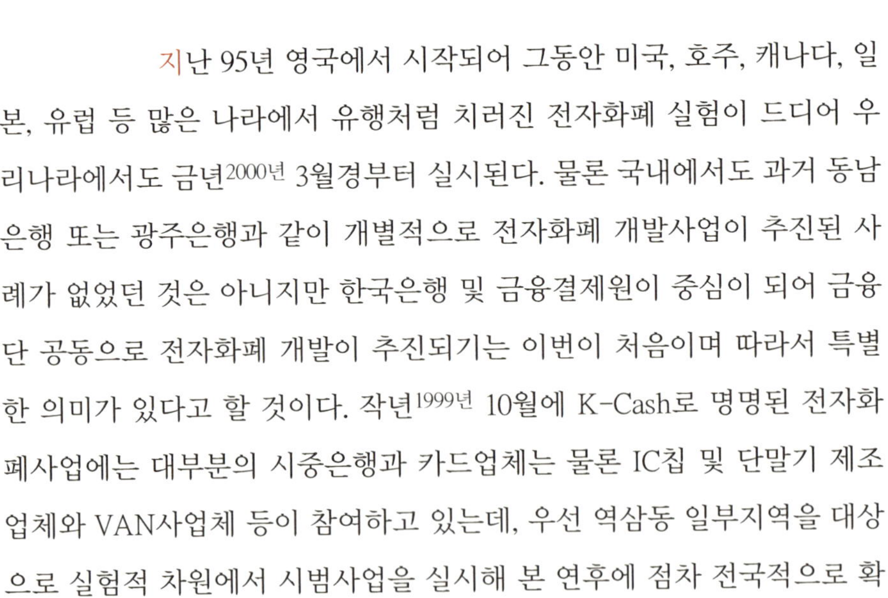

지난 95년 영국에서 시작되어 그동안 미국, 호주, 캐나다, 일본, 유럽 등 많은 나라에서 유행처럼 치러진 전자화폐 실험이 드디어 우리나라에서도 금년2000년 3월경부터 실시된다. 물론 국내에서도 과거 동남은행 또는 광주은행과 같이 개별적으로 전자화폐 개발사업이 추진된 사례가 없었던 것은 아니지만 한국은행 및 금융결제원이 중심이 되어 금융단 공동으로 전자화폐 개발이 추진되기는 이번이 처음이며 따라서 특별한 의미가 있다고 할 것이다. 작년1999년 10월에 K-Cash로 명명된 전자화폐사업에는 대부분의 시중은행과 카드업체는 물론 IC칩 및 단말기 제조업체와 VAN사업체 등이 참여하고 있는데, 우선 역삼동 일부지역을 대상으로 실험적 차원에서 시범사업을 실시해 본 연후에 점차 전국적으로 확대해 나갈 계획이다.

때마침 몬덱스 코리아[마스타카드 자회사]가 무역센타와 제주도 일원을 대상으로 몬덱스[Mondex] 전자화폐의 시범사업을 실시할 예정이고 또한 비자코리아[비자카드의 자회사]에서도 여의도지역을 중심으로 비자캐시의 차세대 표준규격인 CEPS[Common Electronic Purse Specifications] 전자화폐의 시범 서비스를 서두르고 있어 바야흐로 우리나라도 전자화폐의 시대로 또는 3파전의 시대로 접어드는 게 아닌가 생각된다.

우리보다 먼저 전자화폐개발에 들어갔던 외국의 경우를 살펴보면 독일, 네덜란드, 벨기에, 싱가포르 및 홍콩 등에서는 이미 전자화폐가 전국적 규모로 이용되고 있는 편이라고 볼 수 있는데, 그러나 아직은 크게 활성화되어 있지는 못한 상황이다. 대체로 공중전화나 자동판매기, 일부 백화점과 편의점 등에서 주로 사용되고 있는데 특히 싱가포르의 경우에는 ERP[시내중심지 통과 요금징수시스템]에서의 전자화폐 사용을 의무화하고 있다.

그러나 정작 몬덱스화폐 개발로 세인의 관심을 불러 일으켰던 영국의 경우를 보면 시범지역의 간이음식점, 슈퍼마켓, 주차장 등에서 사용이 되고 있기는 하지만 사용자들의 관심부족으로 그 실적이 당초 기대보다 못한 저조한 실정이며, 미국에서도 지난해 뉴욕 맨하탄의 약국, 카페, 레스토랑, 신발점, 패스트푸드점 등을 대상으로 몬덱스 카드의 시험운영에 들어간바 있는데 이용률이 발급카드의 4% 정도coin laundry는 약 30%에 불과한 극히 저조한 실적을 보였다고 한다. 한편 캐나다, 스위스, 일본과 같은 여타국가의 경우를 보면 아직은 특정지역을 대상으로 전자화폐를 시험 운영 중에 있는 도입 초기단계에 있다고 볼 수 있겠다.

현재 대부분의 국가들이 아직은 전자화폐의 도입초기단계라는 점을 감안해서 폐쇄형을 택하고 있으나 앞으로 전자화폐의 통용성이 확보되고 법적 · 제도적 기반이 구체화됨에 따라 개방형으로의 이행이 불가피하리라 본다. 이러한 면에서 비자카드가 CEPS를 통한 개방형 전자화폐 연구에 박차를 가하고 있고 우리나라에서도 산업자원부현 지식경제부가 IC카드조합 주관의 컨소시엄을 통해 개방형 전자화폐의 기술개발을 적극 추진하고 있음은 전자화폐의 발전을 위해 아주 다행한 일이라고 생각된다.

전자화폐의 법적 성격에 대해 국제적으로 통일된 기준은 아직 없다. 국제결제은행은 '전자화폐란 POS, 단말기 또는 인터넷같은 컴퓨터 네트워크를 통해 지급을 목적으로 칩^{Chip}이나 소프트웨어상에 저장된 가치 또는 선불지급 메카니즘으로 하드웨어^{카드형} 전자화폐와 소프트웨어^{네트워크형} 전자화폐를 포함한다'라고 정의한다. 유럽 중앙은행은 '전자화폐는 은행계좌와 반드시 연계되지 않고서도 일반적 거래대금 지급에 사용될 수 있도록 화폐가치를 전자적으로 저장한 소지인식 선불지급수단이다'라고 정하고 있다.

전자화폐의 사용이 어느 정도 전국적 규모로 확산된 독일, 네덜란드, 벨기에, 싱가포르, 홍콩에서는 전자화폐를 소지인식 선불지급 결제수단 또는 예금과 유사한 상품으로 간주하고 발행기관을 은행으로 제한하면서 이에 대해 중앙은행과 감독당국이 규제와 감독을 하고 있는 입장이다. 그렇지만 미국, 캐나다, 영국, 일본과 같은 대부분의 나라들의 경우는 전자화폐의 기술 및 기능 등이 아직 태동기에 있어 민간부문의 자율적 경쟁과 창의력을 유도하는 것이 성급한 규제나 제도정비보다 전자화폐의 발달을 도모하는데 바람직하다는 관점에서 전자화폐의 성격이나 발행기관, 감독 규제의 범위에 대해 구체적 입장표명을 유보하고 있는 상황이다.

앞으로 전자화폐가 성공적인 지급결제수단으로 정착되기 위해서는 어떠한 준비와 여건 조성이 필요할까? 무엇보다도 도입 초기단계에서 안전성 및 효율성 등에 관한 충분한 기술적 검토와 사전 대비책이 필요하다. 아울러 전자화폐의 도입에 따라 예상되는 제반 문제점의 방지를 위한 과제를 선결하지 않으면 안 된다고 본다.

첫째, 국제규격의 표준화 등 보편성의 확보문제가 중요하다. 전자화폐가 활성화되고 화폐로서의 보편성을 갖기 위해서는 금융기관 공동의 시스템 구축이 필요하며 국제적으로 호환성 있게 사용될 수 있도록 표준화되어야 한다. 또한 급성장하고 있는 인터넷 전자상거래의 효과적 결제수단이 되기 위해서는 카드 하나에 선불, 신용, 직불의 제기능을 동시 수용함은 물론 카드형과 네트워크형으로 겸용될 수 있어야 바람직하다. 전자화폐 시장과 카드시장이 여러 개로 각각 분할되어 있고 카드 상호간에, 그리고 카드와 단말기간에 호환성이 결여된다면 이용자의 불편은 말할 것도 없고 국가적으로도 중복투자나 불필요한 시행착오를 겪을 우려가 있다.

'80년대 이후 우리나라에 다양한 종류의 신용카드가 들어 와 범람하면서 가맹점 단말기간에 호환성이 결여되어 소비자는 소비자대로 가맹점은 가맹점대로 많은 불편과 애로를 겪었던 사실을 상기할 필요가 있다. 비자VISA, 마스터MASTER, 유로페이EUROPAY의 3개사가 공동개발한 국제표준화 규격인 EMV모델의 수용은 물론 자체 운용체제인 COSChip Operating System의 지속적 업그레이드 능력이 필요하다. 몬덱스의 멀토스 Multos나 비자의 CEPS가 모두 이 같은 요건을 수용하고 개방형 표준 스펙 을 채택하고 있음을 참고해야 할 것이다.

둘째로 위변조 및 부정이용 방지를 위한 안전성의 확보가 매우 중요하다. 전자화폐의 도입이 본격화되면 컴퓨터 전문가들에 의한 위변조, 해킹 등 불법적 이용유인이 증가할 것으로 예상되므로 완벽한 보안 기술장치의 강구가 필수적이다. IC카드의 비밀번호PIN관리, 인터넷 상거래상의 방화벽 및 암호화 체계, 전자서명과 인증 등에 대한 적절한 보안 대책이 필요하다.

보안장치의 기본은 암호화 기술로서 암호화는 전달하는 정보메세지의 내용을 제 3 자가 알 수 없도록 만들어서 지정된 수취인만 해독解讀이 가능하도록 하는 기술이다. 암호화 방법에는 DESData Encryption Standard라고 하는 비밀키secret key방식과 RSA시스템이라고 하는 공개키 public key방식이 있는데 전자상거래에는 공개키방식이 보다 적합하다.

왜냐하면 비밀키방식은 암호전달자인 고객과 수신자인 판매자가 같은 키를 사용하는 것으로 당사자간 비밀로 교환해서 소지해야 하는데 인터넷처럼 공개된 네트워크상의 전자상거래에서는 실제 수천 수백만의 고객과 일일이 비밀키를 교환하는 것이 거의 불가능하기 때문이다. 우리나라의 K-Cash는 정부기관에서 제공한 대칭형^{비밀키} 암호 알고리즘을 채택하고 있는데 향후 전자화폐의 본격화 시대에 대비해서 비대칭형인 공개키 방식의 검토도 필요할 것으로 판단된다.

셋째로 개인의 프라이버시 보호 및 돈세탁 등 범죄방지에 관련된 문제이다. 현금과 달라서 이용자의 모든 거래내역이 담긴 정보가 자칫 노출되어 버릴 경우, 사생활 침해라는 심각한 문제가 대두될 우려가 있다. 전자화폐의 개발과 관련해서 미국이 이러한 문제에 대처키 위해 소비자 보호대책을 중시하고 있음을 주목할 필요가 있다. 또한 전자화폐의 성격상 은행을 경유하지 않고 자금이 이동될 경우 자금추적이 어려워 금융실명제의 회피 및 돈세탁 등 불법적 목적으로 악용될 소지를 배제하기 어렵다. 뿐만 아니라 전자화폐의 도입은 다양한 형태의 사고와 법적 분쟁을 유발할 가능성도 상상할 수 있다. 따라서 이러한 문제들에 대비해서 정부가 이미 전자거래 기본법과 전자서명 인증법을 제정한 바 있지만, 이의 구체적 실천을 위한 법규 및 제도상의 충분한 대비책이 필요하다고 본다.

넷째로 전자화폐의 신뢰성 및 전자화폐의 시장성 확보에 관련된 문제이다. 현금구매 및 신용구매 등을 포함해서 연간 잠재시장 규모가 약 120조원에 이른다고 하는 국내 전자화폐 시장의 선점을 위해 앞으로 K-Cash, 몬텍스, 비자캐시 등의 치열한 경쟁이 예상되고 있다. 무엇보다도 전자화폐의 성공적 도입을 위한 최대의 과제는 IC카드의 배포 및 단말기 보급, 소프트 웨어의 배포^{네트워크형 전자화폐의 경우} 등 인프라 구축에 소요될 막대한 비용을 감안할 때 카드발행자, 판매자, 소비자들이 이를 감수할 만큼 편리성, 통용성, 안전성, 시장성 면에서 충분한 매력을 제공하고 아울러 지급수단으로서의 신뢰성을 확보하는 일이 아닐까 생각된다.

앞서 국내외 전자화폐의 실험사례나 운용실태에서 살펴 본 것처럼 당초 예상과 달리 이용이 부진한 원인이 무엇일까 분석해 볼 필요가 있다. 전자화폐의 안전성에 대한 소비자들의 불안감과 지급결제의 행태적 정서^{선지급식 전자화폐보다 후불식인 신용카드를 선호할 가능성}에 관해 충분히 고려치 않고 단기적 성과를 위해 무리하게 서둘러 추진하다가는 제대로 정착도 안 되고 부정적 결과만 초래될 가능성이 있다. 지난 '80년대 초반에 가계수표제도의 도입과정에서 우리가 경험한 많은 시행착오를 되풀이해서는 안 될 것이다.

2000. 3. Banker지

디지털시대의 화폐전쟁[1]

① 전자화폐 개발전쟁—세계제패를 노린다

총성없는 전쟁이 벌어지고 있다. 지구촌 곳곳에서 이미 수년 전부터 시작된 그러나 점차 더 치열한 양상을 띄우고 확대일로에 있다. 21세기 디지털 세계시장을 석권하기 위한 먹느냐 먹히느냐의 전자화폐 개발전쟁이 지금 이 시각에도 소리없이 진행되고 있는 것이다.

국내의 경우도 예외는 아니다. 비자카드 계열의 V-캐시, 마스터카드 계열의 몬덱스, 국내금융단 연합의 K-캐시가 치열한 각축전을 벌리고 있다. 제각기 우수한 첨단성능을 자랑하며 승리를 다짐하는 가운데 인터넷 상거래의 확대, 휴대폰, 개인정보단말기[PDA], IMT-2000[차세대이]

동통신서비스 등과 맞물려 카드회사, 금융권, VAN사업자, 컴퓨터업계 등과 합종연횡식 제휴를 통해 시장선점을 위한 격전을 치르고 있는 것이다. 여기에 삼성, 국민, LG카드연합의 A-캐시, 부산은행중심의 MYBI 전자화폐 등 수많은 중소형 전자화폐회사들이 가세하면서 전쟁은 더욱 치열해지고 있다.

과연 누가 승자가 될지 누가 주도권을 잡게 되는지는 아직 아무도 모른다. 비자나 마스터와 같은 해외 원정군이 이길지 아니면 국내 연합군이 이길지 아니면 시장이 분할될지는 예단하기 어려우나 승패는 결국 시장에 참여하는 수많은 소비자들과 가맹점들에 의해 시장경쟁원리에 따라 판가름 날 것이다. 보다 편리하고, 보다 보편성이 있으면서 안전성과 신뢰도면에서 뛰어난 전자화폐가 결국 패권을 차지하지 않겠는가?!

필자는 최근 대한상공회의소 용역보고서에서 2004년이 되면 전자화폐가 현금화폐의 약 20%를 대체할 것으로 전망한바 있다. 이는 현재의 화폐발행액을 약 20조원으로 볼때 대략 4조원에 이르는 규모이다. 또한 우리나라 가계소비시장300조원의 절반정도가 20만원 이하의 소액현금거래라는 사실은 전자화폐가 공략할 시장규모가 적어도 150조원에 이른다는 계산이 나온다. 더구나 향후 인터넷 이용자수가 지속적으로 급증하고 인터넷 전자상거래 규모도 급성장할 것으로 예상되는 가운데 올해 2000년 우리나라의 전자상거래 규모가 1조원에 이를 것으로 추정되고 있고[2] 2020년경에는 세계 총 교역에서 전자상거래가 차지하는 비중이 30%에 이를 것이라는 전망도 있다.

말하자면 이 같은 미래의 거대한 시장을 노리고 치열한 전쟁이 벌어지고 있는 것이며, 패권을 차지한 전자화폐가 미래의 시장을 지배하게 될 것이다.

② 전자화폐의 발전배경—디지털시대의 표현양식

전자화폐는 산업혁명에 버금갈 화폐혁명으로 인류문명에 새로운 패러다임을 가져올 것이다. 화폐의 기존개념이 바뀌고 경제, 사회 전반에 걸쳐 미치는 영향이 지대할 뿐 아니라 통화정책이나 중앙은행의 역할 등 거시경제 관련부문에도 변화가 불가피할 것으로 예상된다.

그런데 전자화폐의 발전배경은 무엇일까? 그동안 컴퓨터 및 정보통신기술의 비약적 발전이 금융의 정보화 내지 디지털화를 촉진시키는 가운데 경제규모의 확대, 금융의 자유화 및 국제화 등에 따라 지급결제비중이 급속히 늘어나면서 편리성과 안전성이 뛰어난 새로운 결제수단 ― 현금이나 수표, 신용카드가 지닌 불편성과 위변조 등의 단점을 보완하면서 보다 신속하고 편리한 기능을 지닌 결제수단 ― 의 개발 필요성이 제기되고 아울러 이를 지원할 수 있는 IC카드 개발과 암호기술이 획기적으로 발전한데 기인한다.

또한 케이블TV나 인터넷을 통한 전자상거래의 급성장 추세도 전자화폐의 개발을 앞당기는 촉매역할을 했다고 볼 수 있다. 이제까지 전자상거래에서의 결제수단으로 주로 신용카드가 이용되어 왔는데, 신용카드는 은행을 거쳐서 결제되는 절차상의 불편이 있을 뿐 아니라 카드사용에 따른 비용도 많이 들고, 카드정보의 위변조 및 악용가능성 등 보안상의 취약성이 크다는 단점이 있다. 따라서 신용카드의 단점을 보완하되 편리성과 보안성이 뛰어나며 또한 실시간으로 즉시결제가 가능한 전자화폐의 개발에 주목하게 된 것이다.

다가오는 21세기는 디지털시대, 정보화시대라고 한다. 전자화폐는 화폐의 가치를 디지털화시킨 디지털머니이다. 화폐는 원시 물물교환시대에서 조개화폐시대, 금속화폐시대, 종이화폐시대와 신용화폐^{수표·카드}시대를 거쳐 전자화폐^{전자결제}시대로 발전하고 있다. 전자화폐는 디지털시대에 걸맞는 화폐의 표현양식이다. 디지털화폐이기 때문에 잔돈수수의 불편이 사라질 뿐 아니라 전자지갑이나 컴퓨터 또는 휴대용 통신단말기를 통해 순식간에 결제가 끝나버려 신속 간편하다는 점에서 디지털시대에 요구되는 적합한 조건을 갖추고 있다.

③ 전자화폐는 누가 발행하나?

오늘날 대부분의 나라에서는 중앙은행이 화폐발행의 독점적 권한을 갖고 있다. 그렇다면 전자화폐는 누가 발행하는가? 이와 관련하여 한동안 흥미로운 추측이 제기된 적이 있다. 즉 전자화폐는 기본적으로 컴퓨터의 소프트웨어이고 컴퓨터회사나 카드회사 등이 전자화폐 개발사업에 주도적 역할을 하고 있다는 점에 착안해서 앞으로는 이들 전자화폐 업자들이 은행업까지 손을 뻗치게 됨으로서 중앙은행의 독점적 발권제도가 무너지고, 은행들이 저마다 자유로이 돈을 찍어내던 19세기 이전의 자유은행제도free banking system시대로 회귀할지 모른다는 내용의 추측이다.

아직까지 전자화폐의 발행주체에 대해서는 통일된 의견이 정립되어 있지 않으며 이는 각 국의 경제체제와 금융제도 등에 따라 결정될 문제일 것이다. 그러나 대부분의 유럽국가들은 결제 시스템의 안정성이나 통화정책상의 문제 등을 고려해 볼 때 은행또는 중앙은행이 전자화폐의 발행주체가 되는 것이 당연하고 바람직하다는 생각이다.

반면 미국, 영국, 캐나다 등에서는 아직은 도입초기 단계이므로 민간부문의 창의력과 자율적 경쟁을 유도하여 전자화폐의 발달을 도모하는 차원에서 발행기관의 범위를 미리 제한할 필요는 없다는 생각이다.

우리나라의 경우 금융단이 공동으로 추진중인 전자화폐인 K-캐시는 발행자를 은행과 신용카드사로 제한하고 있다.[3] 참고로 유럽통화기구EMI는 전자화폐발행에 따른 중앙은행의 개입시나리오를 발표한 적이 있는데 전자화폐발행자의 파산지급불능으로부터 소비자를 보호하고 통화정책의 효율성을 도모하는 등의 차원에서 볼 때 전자화폐 발행은 은행이나 일정한 자격을 갖춘 신용 있는 민간기관으로 제한하는 것이 바람직하며 장기적으로 볼 때 중앙은행이 현재의 화폐나 마찬가지로 전자화폐에 대해서도 독점적 발행권한을 갖게 될지도 모른다고 전망하였다.

④ 씨티뱅크의 전자화폐 특허와 일본의 충격

미국이나 유럽에 비해 일본의 전자화폐 개발은 상대적으로 부진한 실정이다. 후지은행이 도쿄의 텔레컴센터 빌딩에서, 다이이치 칸쿄은행, 사꾸라은행 등이 도쿄패션타운에서 IC카드형 전자화폐실험을 실시하였으나 특정회사나 학교 또는 특정빌딩내로 극히 제한되었고 제공 서비스도 지정된 구내매점이나 자판기 등에서의 쇼핑으로 국한된 형편이다.

그런데 일본 금융계는 지난 1995년 11월 커다란 충격을 받았다. 미국의 씨티뱅크가 '전자통화시스템EMS, Electronic Money System'에 관한 특허를 일본특허청에 출원하였기 때문이다. 동 특허출원에는 전자화폐의 발행, 지급, 은행간결제, 안전성보증 등 104개의 항목에 달하는 광범위한 내용이 포함되어 있다. 씨티은행은 이미 1991년 11월 미국에서 특허 등록을 받았고 호주 등 세계 30개국에 특허를 출원해 놓고 있다.

만약 씨티뱅크의 특허가 인정될 경우 일본은행들이 현재 개발하고 있는 IC카드전자화폐와 인터넷을 이용한 전자거래 등이 씨티뱅크의 특허에 저촉될 경우가 생길지도 모른다. 또한 일본의 은행들은 전자결제시스템 사용에 막대한 로열티를 지불하든지 씨티은행과 합작을 해야 될지도 모르고 더욱 심각한 것은 금융의 주도권을 씨티뱅크에 빼앗겨 버리는 사태에 직면할지도 모른다.

이러한 위기의식을 느낀 후지은행, 사꾸라은행, 미쓰비시은

행들은 씨티의 출원내용에 전자머니형태와 관련된 구체적 설명이 없어
은행들이 어떠한 기술을 개발해도 특허에 저촉될 우려가 있는 것으로 보
고 이의를 신청했고 관련업계들도 '반 씨티은행연합' 결성 움직임을 보이
고 있지만 이 같은 이의신청이 수용될 가능성은 기대하기 어렵다고 한다.

씨티은행은 우리나라에도 지난 93년 7월 전자화폐 특허출원
을 신청해 놓은 상태인데 특허권이 인정될 경우 로얄티를 물어야 하는 등
피해가 예상되어 국내은행들도 이에 공동대응하고 있다. 일본과 비슷한
특허제도를 갖고 있는 우리로서는 일본의 충격을 강 건너 불로만 볼 수
없는 입장이라 하겠다.[4]

⑤ 세계 단일 공통화폐

현재 우리는 나라마다 각기 다른 화폐를 사용하고 있다. 전
자화폐의 등장을 계기로 앞으로 세계공통의 단일화폐가 등장할 가능성
이 있을까? 세계 각국의 통화를 신뢰도가 높은 선진국 통화로 대체해야
한다는 통화대체dollarization 논의와 함께 장기적으로 세계 공동통화common
currency를 채택하는 것이 바람직하다는 주장이 제기되고 있다. 이렇게 되
면 하나의 은행권, 하나의 전자화폐가 통용되고 통화정책도 공동으로 수
행될 것이며 각국 중앙은행은 신설되는 통합 중앙은행의 일개 지점과 같

은 형태로 바뀌게 될 것이다.

물론 가까운 장래에 이 같은 가능성이 현실화되기는 어려울 것이고 20~30년 후 미래를 향한 비전의 의미가 크지만 향후 전자화폐의 발전과 금융시장의 글로벌화의 진전속도에 따라 크게 달라질 수도 있을 것이다. 실제로 현재 개발중인 많은 전자화폐시스템이 세계시장 석권을 지향하고 있고 몬덱스화폐의 경우 5개국 복수통화로 가치를 저장해 해외 사용이 가능하도록 되어 있다.

앞으로 자본자유화의 진전이 계속되고 전자화폐가 개방화되어 누구나 외화표시 전자화폐를 이용할 수 있게 된다면 이를 통한 대외결제가 크게 늘어나게 될 것이며 특히 인터넷 전자상거래의 확대를 촉진시킬 것으로 보인다. 아마도 많은 사람들이 세계 어디서나 불편없이 쓸 수 있는 화폐를 그리고 이왕이면 강세통화표시의 전자화폐를 선호하게 될 것으로 예상된다. 그러다가 점차 환율의 불안정성이 없는 일정한 가치를 지닌 전자화폐의 발전을 바라게 될 것이고 궁극적으로는 세계 공동의 단일화폐가 출현될 수 있다.

'90년대 들어 금융의 글로벌화가 급진전되고 세계경제의 상호의존성이 크게 증대하면서 미국, 유럽, 일본을 중심으로 현재 외환결제시스템 및 증권결제시스템간의 연계 또는 세계 단일 결제시스템의 구축이 추진 중 이거나 구상 중에 있는데 이러한 움직임은 향후 세계 단일전자화폐의 발전 가능성에 시사 하는바가 적지 않다. 이미 유로^{Euro}단일통화와 범유럽 결제시스템^{TARGET, Trans-European Automated Real Time Gross Settlement Express Transfer}이 도입된 유럽지역의 경우 이 같은 단일 전자화폐의 실현가능성에 한 걸음 다가 간 것으로 생각된다.

⑥ 통화정책에 미치는 영향

전자화폐의 도입은 중앙은행의 통화정책수행에 영향을 줄 수 있다. 전자화폐의 사용이 확대되어 민간 현금보유가 감소하고 중앙은행의 본원통화^{화폐발행액과 지급준비금}가 크게 줄어드는 단계에 이를 경우 현금감소로 은행예금이 늘어나 신용창조를 통해 통화량이 증가하더라도 공개시장조절을 통한 통화량 및 단기금리조절이 어렵게 되어 통화정책의 유효성에 영향을 미칠 수 있다.

또한 전자화폐는 현금이나 예금을 대체하는 것이므로 이를 통화지표에 포함하는 문제와 아울러 비은행기업에 의한 전자화폐 발행액과 전자화폐의 유량^{flow}적 측면을 반영하는 문제 등 통화지표의 구조적

변동이 불가피해지고 통화지표의 신뢰성 및 정보변수로서의 유용성에
영향을 줄 수 있다.

　　물론 전자화폐의 통화정책관련 문제는 전자화폐발행에 대한
중앙은행의 개입정도나 발행금액에 대한 지준^{지급준비}부과조치 등에 따라
달라질 수 있다. 또한 설사 본원통화수요가 사라지더라도 단기금리조절
을 통해 시장금리를 통제할 수 있는 중앙은행의 기능에는 변함이 없을 것
이라는 학자들의 주장도 있다. 이러한 점에 비추어 중앙은행은 중장기적
인 시각에서 전자화폐의 발전이 통화정책에 미치는 영향을 분석하여, 통
화정책의 유효성 확보를 위한 정책수단을 개발하고 통화지표의 유용성
을 제고하는 방안을 강구하는 등 이에 대응하는 노력을 꾸준히 기울여 나
가야 할 것이다.

⑦ 전자화폐와 여타결제수단의 비교

　　전자화폐가 교통카드나 전화카드, 직불카드, 상품권 등과 같
은 여타 결제수단과 어떻게 다른지 그 차이점에 대해 간략히 살펴보기로
한다.

　　먼저 교통카드나 상품권의 경우를 보면 사용용도가 제한적

이고 대체로 가치저장이 일회성인데 비해 전자화폐는 언제 어디서나 사용이 가능한 범용성이 있고 또한 재충전이 가능하다는 점에서 차이가 있다. 물론 최근에는 상품권도 카드형화^{전자상품권}되고 재충전이 가능해지면서 다양한 업종의 가맹점들과 업무제휴를 통해 범용성을 띄우는 쪽으로 나가고 있고 교통카드도 다시 충전해 쓸 수 있는 경우가 있어 전자화폐와의 구분이 점차 모호해지는 경향이 있다.

신용카드나 직불카드^{체크카드}의 경우 카드자체에 화폐가치가 저장된게 아니고 사용후 자신의 은행결제계좌에서 결제금액이 상대방 계좌로 이체되는 방식인데 반해 전자화폐는 IC카드나 PC같은 전자매체에 미리 저장된 화폐가치가 사용 즉시 상대방 단말기로 이체된다는 점에서 분명한 차이가 있다. 또한 직불카드의 경우 사용시점에 자신의 결제계좌에서 돈이 상대방 계좌로 즉시 이체되는 즉불형이라고 한다면 전자화폐는 현금이나 예금으로 미리 구입해 저장해 두었다가 사용하는 선불형이란 점에서 차이가 있다.

한편 전자화폐와 수표를 비교해 보면 모두 그 자체에 가치가 부여되어 있고 범용성을 띄고 있다는 점에서 유사하지만 전자화폐가 선불인 반면에 수표는 후불이고 종이형태라는 점이 다르다. 여행자수표의 경우 선불이라는 점에서 전자화폐와 유사성이 있다. 우리나라에서 현금 대체수단으로 널리 이용되고 있는 자기앞수표는 가치의 소유권이 소유자에게 귀속되는 소지인 출급식 결제수단이란 점에서 전자화폐와 유사성이 크다. 더구나 몬덱스화폐처럼 개인간 가치이전이 가능하고 익명성이 보장되는 무기명 방식의 전자화폐의 경우 자기앞수표와의 유사성은 더욱 크다고 볼 수 있다. 그리고 전자화폐의 경우 일반 상점에서 사용할 수 있을off-line거래 뿐 아니라 인터넷 상거래에서도 사용될 수 있다on-line거래는 점에서 수표나 상품권 등 여타 결제수단과 구분이 된다.

2000. 9. 매일신문 칼럼

바코드의 비밀

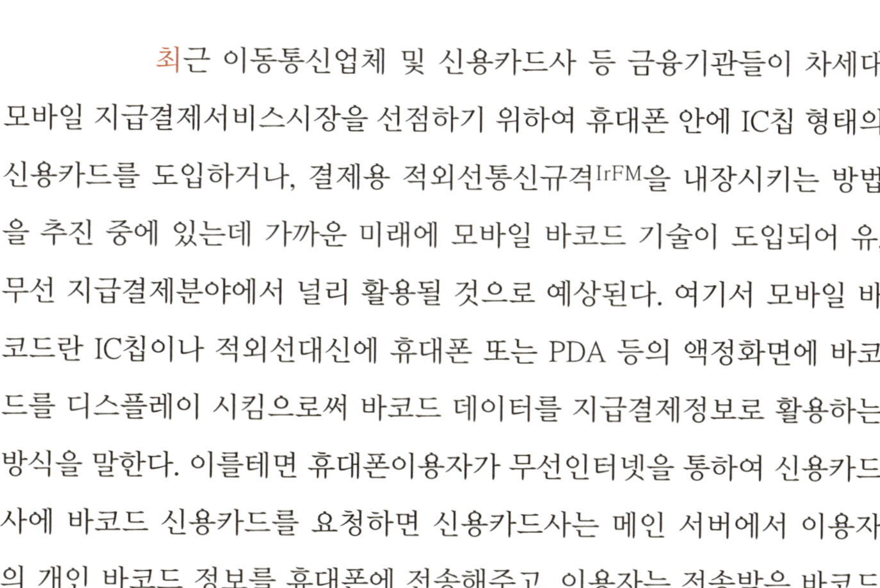

최근 이동통신업체 및 신용카드사 등 금융기관들이 차세대 모바일 지급결제서비스시장을 선점하기 위하여 휴대폰 안에 IC칩 형태의 신용카드를 도입하거나, 결제용 적외선통신규격IrFM을 내장시키는 방법을 추진 중에 있는데 가까운 미래에 모바일 바코드 기술이 도입되어 유, 무선 지급결제분야에서 널리 활용될 것으로 예상된다. 여기서 모바일 바코드란 IC칩이나 적외선대신에 휴대폰 또는 PDA 등의 액정화면에 바코드를 디스플레이 시킴으로써 바코드 데이터를 지급결제정보로 활용하는 방식을 말한다. 이를테면 휴대폰이용자가 무선인터넷을 통하여 신용카드사에 바코드 신용카드를 요청하면 신용카드사는 메인 서버에서 이용자의 개인 바코드 정보를 휴대폰에 전송해주고, 이용자는 전송받은 바코드

"

정보를 POS단말기 등의 인식장치에 스캔하여 본인 인증, 결제승인 등의 절차를 거쳐 지급결제수단으로 이용할 수 있다.

우리가 편의점 등에서 보는 것처럼 바코드barcode란 상품에 부착된 검은 바black image bar와 흰색 스페이스 바bar의 부호로서 상품의 가격정보 등이 담겨져 있어 이를 스캐너로 읽어 쉽게 계산, 결제할 수 있도록 고안된 것이다. 현재까지는 주로 막대형의 1차원 바코드가 상품매장 등 유통 및 제조분야를 중심으로 이용되어 왔으나 최근 들어 2차원 바코드가 개발되고 머지않아 3차원 바코드가 등장되어 금융결제분야에 크게 활용될 것으로 예상된다. 따라서 다가오는 미래는 스마트카드시대에 이어서 바코드시대가 되지 않을까 하는 것이 미래학자들의 전망이다.

바코드 방식은 IC카드방식이 IC칩 내장, 고가의 단말기 설치 및 적잖은 카드발급비용이 든다는 문제점이 있는데 반해 휴대폰에 별도의 장치를 내장시키지 않고 기존 휴대폰을 그대로 사용하면서 스캐너 장치만 갖추면 액정화면에 뜨는 바코드를 활용하여 사용할 수 있다는 장점이 있다. 또한 바코드 방식은 IC칩이나 적외선방식에 비해 도난이나 분실위험이 적고, 고객의 휴대폰 액정화면에 바코드를 개별적으로 부여하여 m-CRM 등의 마케팅에 활용함으로써 휴대폰 사용자를 기업의 잠재 고객으로 확보할 수 있다는 이점도 있다.

현재 QR^quick response Code, PDF417, DataMatrix, MaxiCode 등 대략 20여종의 2D코드가 개발되어 사용중에 있다.[5] 최근 개발된 2차원 바코드^2-Dimension, 2D코드는 1차원 바코드의 100배 이상에 해당되는 정보를 2차원 형태의 심볼로 코드화해서, 문자·숫자 등의 Text는 물론 그래픽, 사진, 음성, 지문, 서명 등 다양한 형태의 정보를 바코드 안에 담을 수 있다. 더구나 바코드가 인쇄된 종이부분이 구겨지거나 물에 젖어도 판독이 가능하며 정보가 분실, 훼손되더라도 상당 부분 복구가 가능할 만큼 인식률이 탁월하다니 도대체 바코드의 기술적 비밀이 무엇인지 쉽게 이해가 안 되는 부분이 있다. 어떻든 향후 위·변조 방지기술인 홀로그램이나 워터마크기술과 결합시킬 경우 보안성을 한층 더 강화시킬 수 있으며, PKI^Public Key Infrastructure 및 생체인식 등의 인증기술과 결합될 경우 광범위한 분야에서 이용이 가능할 것으로 전문가들은 보고 있다.

따라서 21세기에는 앞에서 본 모바일바코드 신용카드 외에도 다양한 지급결제서비스 분야에 바코드 이용이 확산될 것으로 전망된다. 예를 들면 개인의 고유한 금융정보를 담은 2D코드가 계좌번호를 대신하고, 공과금납부 방식에서 OCR지로 장표를 대체해서 개인지로 번호

의 역할을 수행하며 또한 시간을 인식하는 타임바코드가 금융서비스 등
에 적용될 것으로 예상된다. 이렇게 되면 현금인출, 공과금, 신용카드 상
환 및 연체관리, 대출기한, 결제기한 등 고객관리의 체계화는 물론 다양
한 부가서비스의 창출을 통해 금융서비스의 확대를 도모할 수 있고 고객
에게 원스톱 서비스제공이 가능하게 될 것이라는 것이 필자의 생각이다.
그렇지만 한편으로는 누군가의 말대로 요한계시록의 계시대로 모든 사
람이 저마다 고유의 식별번호인 바코드를 이마에 표시하고 다니는 시대
가 오는게 아닌가 하고 두려운 생각이 들기도 한다.

2003. 9. 단국대 신문 칼럼

스마트카드와 생체인식기술

불과 몇 해 전만 하더라도 생체인식기술을 실생활에 적용하는 것은 영화에서나 볼 수 있는 먼 미래의 일로 생각되었으나 최근 생체정보를 이용한 기술 및 기기의 지속적인 개발이 이루어지고 아울러 위변조, 해킹 등 금융사고 빈발에 따른 사회전반의 보안 중요성에 대한 인식 강화, 이에 관련된 법적 토대의 준비 등 여러 가지 요인이 복합적으로 작용하면서 생체인식기술의 적용가능 여부와 그 방향에 대한 관심이 계속 높아지고 있는 추세이다.

여기서 생체정보라 함은 우리의 얼굴, 홍채, 망막, 음성, 지문 등에 담긴 개개인의 고유한 정보를 말하는데 이 같은 생체정보를 저장할 수 있는 매체나 데이터베이스와 이를 판독해서 인식할 수 있는 매체판독기가 있으면 본인여부를 인증 확인할 수 있게 된다.

현재 생체정보를 저장할 수 있는 매체로서는 스마트카드, 2차원 바코드, USB토큰 등을 들 수 있는데 대표적인 것이 스마트카드다. 스마트카드는 생체인식기술이 적용될 수 있는 방법에 따라 협의의 스마트카드, 매치온카드match-on-card, 센서온카드sensor-on-card 등으로 구분할 수 있겠다.

우선, 협의의 스마트카드는 연산기능을 할 수 있기 때문에 종전의 메모리카드에 비하여 훨씬 보안성이 뛰어나지만 카드에 저장되어 있는 정보와 생체정보 판독기에 입력된 정보의 비교, 인증과정에서 생체정보가 해킹당할 가능성이 있다. 이에 반해 매치온카드는 스마트카드와 동일한 기능을 가지지만 카드내부에 저장된 생체정보와 판독기에 입력된 생체정보의 비교, 인증이 판독기가 아닌 카드내부에서 이루어진다. 따라서, 판독기에는 매치온카드에서 이루어진 인증결과만이 전달되고 생체정보는 카드외부로 유출되지 않아 스마트카드보다 보안성 면에서 한단계 높다고 할 수 있다.

한편 센서온카드는 생체인식센서 자체를 판독기가 아닌 카드에 부착함으로써 카드내에서 생체정보의 입력, 비교, 인증이 모두 이루

어지고 원래의 생체정보가 판독기에 전혀 노출되지 않아 최고 수준의 보
안을 추구하는 방식이라고 하겠다.

선진국들은 보안문제로 마그네틱카드를 스마트카드로 대체
하고 있고 ISO^{International Organization for Standardization}도 오는 2006년부터 마
그네틱카드를 폐지하기로 하는 등 스마트카드의 전 세계적인 확산 움직
임은 스마트카드와 생체인식기술의 접목 가능성을 한층 높여주고 있다.
해외의 경우 스마트카드에 생체정보를 저장하는 서비스가 이미 제공되
고 있는데 미국의 Union Bank of California는 내부자에 의한 금융사고를
미연에 방지하기 위하여 직원을 채용할 때 FBI 데이터베이스와 연결된
지문인식시스템을 이용하여 신원확인을 한다. 또한 미국의 뮤추얼펀드사
인 Fidelity와 영국의 Barclaycard는 직원의 네트워크 접근과 출입통제에
지문과 얼굴 등을 이용하며, American Express는 직원의 뉴욕 본부 출입
통제를 위해 지문정보가 담긴 스마트카드를 활용한다.

국내에서도 전자정부 중점과제로 선정된 전자화폐 관련 프
로젝트, 금융권 IC카드 전면도입 계획, 공무원전자카드 도입 등의 국가적
인 사업계획이 추진됨에 따라 스마트카드 보급 및 이용 확대가 이루어질
것으로 예상되는 가운데 향후 금융거래에 있어서 스마트카드와 생체인

식기술의 결합 가능성은 매우 높을 것으로 전망된다. 아직까지 국내 금융기관의 생체인식기술 도입은 해외에 비하여 여전히 낮은 수준으로 생체인식기술을 주로 내부자 감시와 대여금고에 활용하고 있고 일부은행에서 음성인식콜센터 또는 보이스뱅킹voice banking을 도입하고 있다. 또한 최근에 국내 생체인식업체들이 스마트카드 판독기, ATM 등에 생체인식센서를 결합한 제품을 출시하고 있다.

금융서비스 보안책의 장기대책 중의 하나가 생체인식이라고 할 때, 다가오는 미래에는 생체인식기술을 적용할 수 있는 스마트카드의 도입확대가 이루어지고 또한 생체인식기술의 적용이 훨씬 용이해질 것으로 예상된다. 그러나, 인프라 구축에 따른 비용 배분 문제와 법적·윤리적 책임 등의 민감한 사안에 관한 논란이 남아 있어 생체정보가 실질적인 서비스로 정착하기까지에는 현실적으로 상당한 시일이 걸릴 것이다.

2003.10. 단국대 신문 컬럼

인터넷상거래 결제수단의 미래

21세기 세계경제에 미칠 가장 큰 변화중의 하나로 인터넷전자상거래를 들 수 있을 것이다. 모든 것이 디지털화되고 글로벌화 되는 추세에서 인터넷상거래의 발전은 그야말로 경제 전반의 효율성과 투명성을 제고하고 경제 · 사회적 구조를 변화시키면서 국가 경쟁력을 강화할 핵심수단으로 평가되고 있기 때문이다. 주지하는 것처럼 인터넷은 이미 정보의 바다라는 개념에서 벗어나 국경 없는 비즈니스boardless business의 현장이 되어 가고 있다. 소비자는 언제 어디서든지 인터넷을 통해 단지 몇 번의 클릭만으로 전 세계의 수많은 쇼핑몰에서 자신이 원하는 상품을 검색하고 구입하는 등 참으로 10여 년 전만 해도 상상도 못할 정도로 우리들의 생활양식을 바꾸어 나가고 있다.

인터넷상거래는 시·공時空의 제약 없이 거래가 가능한 장점 때문에 직접 매장까지 나가는 번거로움을 덜 수 있고 유통비용이나 재고비용 등이 거의 없으며, 전 세계 모든 인터넷 가입자가 잠재고객이라는 특징을 가지고 있다. 또한 책, 가구, 의복과 같이 택배를 요하는 물리적 상품에서부터 컴퓨터 소프트웨어, 금융서비스, 광고 등과 같이 네트워크로 전송이 가능한 디지털 상품 및 서비스까지를 모두 거래대상으로 포괄한다. 인터넷상거래는 최근 전 세계적으로 급속히 확산되고 있는데 우리나라의 경우만 해도 인터넷쇼핑몰 업체수가 2900개에, 작년2002년 중 거래규모가 6조원이 넘는다고 하며 이는 전년에 비해 약 80% 이상 늘어난 거래액이라고 한다.[6]

이와 같은 인터넷상거래가 제대로 발전하려면 전자상거래의 핵심 프로세스라고 볼 수 있는 지급결제수단의 발전이 필수적인데 이에 따라 향후 새롭고 다양한 지급결제수단이 계속 등장할 것으로 전망된다. 기본적으로 인터넷거래는 비대면非對面의 익명거래인데다가, 해킹 등 사이버범죄에 대한 보안기술미비와 국경간 거래에 대한 법률적용의 어려움 등 오프라인과는 다른 여러 가지 위험요소들을 안고 있기 때문에 인터넷상거래의 경우 지급결제수단의 보안성확보 및 소비자들의 신뢰성확보 문제가 매우 중요하다. 현재 우리나라 전자상거래의 주요 결제수단을 보면 신용카드, 계좌이체, 전자화폐, 휴대전화결제Phone Bill 방식 중에서 신용카드결제가 전체거래의 70%를 차지하고 있는데 이처럼 가장 많이 이용되는 신용카드의 고객정보가 유출되는 사고가 종종 발생함에 따라 정부는 국가적인 차원에서 전자상거래에서의 신용카드사용시 본인여부를 확인하는 공인인증을 권장하고 있는 상황이다.

따라서 인터넷 기반의 전자상거래 발전과 관련하여 거래 안전성을 위한 보안성 확보와 소비자의 신뢰확보가 주요 쟁점이 되고 있는 현 상황에서, 인터넷 지급결제수단의 미래에 대해 간략히 짚어 보기로 한다.

첫째, 앞으로 신용카드 거래의 보안성강화를 위한 ISP방식 Internet Secure Payment이나 3D Secure방식의 이용도입이 크게 활성화될 것으로 보인다. 현재까지 전자상거래에서의 신용카드 결제방식이 카드번호16자리, 주민등록번호뒤 7자리, 비밀번호앞 2자리, 유효기한을 입력하는 방식인데 비해, ISP 및 3D Secure 방식은 공개키기반PKI의 방식을 이용하여 특정 비밀번호만을 입력하는 방식으로 간편할 뿐 아니라 결제정보의 유출을 획기적으로 방지할 수 있도록 개발된 카드 인증 및 결제방법이다.

둘째, 최신의 정보통신 및 인터넷 기술이 종래의 지급결제수단에 접목돼 개발된 새롭고 다양한 전자결제수단들이 향후 널리 보급될 것으로 예상된다. 예를 들면 전자화폐나 전자어음 또는 전자수표의 경우 발행 및 유통비용면에서의 경제성은 물론 조세 및 기업경영의 투명성을 높일 수 있고 보안성면에서도 공개키 암호서명이 수기서명보다 훨씬 우수하기 때문에 앞으로 크게 이용될 것으로 보인다.

셋째, 우리나라의 휴대전화 가입자가 이미^{2002년말} 3,000만 명을 넘어섰다고 하는데, 휴대전화는 이동성과 휴대성이 뛰어나 언제 어디서나 휴대할 수 있고 인터넷에 즉시 접속할 수 있는 등 다양한 장점을 지니고 있다. 따라서 휴대전화번호를 이용한 계좌이체방식이나 Phone Bill 방식^{결제대금을 휴대폰요금에 합산청구}뿐만 아니라 휴대전화 내부에 IC칩을 내장시켜 적외선^{Infrared}이나 RF^{Radio Frequency}, 블루투스^{Bluetooth} 등 근거리 무선통신을 활용해 결제하거나 무선인터넷 전자상거래에 적극 활용하는 방식이 추진될 것으로 예상된다.

끝으로, 이처럼 인터넷 상거래를 위한 다양한 결제수단이 등장하는 가운데 결제수단별로 그 용도가 점차 차별화 될 것으로 필자는 전망한다. 예컨대 거액의 전자상거래^{B2B}에는 전자어음이나 전자수표가 많

이 이용되는 반면, 소액의 전자상거래B2C에는 전자화폐나 Phone Bill 등
이, 중간 규모의 전자상거래에는 계좌이체나 신용카드가 주로 이용될 것
으로 판단된다.

2003.10. 단국대 신문 칼럼

EBPP의 활성화

인터넷이 가져온 가장 유용하고 인기있는 서비스가 무엇일까? 그것은 전자우편^{이메일}과 정보검색 그리고 인터넷뱅킹이 아닐까 생각한다. 아마 지금 이 순간에도 3억여개의 이메일 메시지가 가상공간을 누비고 있을 것이고, 셀 수 없이 무수한 사람들이 정보의 바다에서 검색엔진을 두드리고 있을 것이며, 인터넷뱅킹이용자들은 몇 번의 클릭만으로 간단히 전자결제를 끝냄으로써 은행창구에 가야하는 번거로움을 줄이고 아까운 시간의 낭비를 피할 수 있을 것이다.

우리나라의 경우만 해도 인터넷이 90년대 이후 활성화되기 시작한 이래 유사한 현상을 보이고 있는데 특히 인터넷뱅킹의 경우 그 편리성과 안전성 때문에 대표적인 전자금융서비스로 자리잡은 가운데, 인터넷뱅킹 이용자수가 전체 인터넷 이용자수의 56.0%로 캐나다의 57.2%에 이어 세계 2위의 이용수준을 자랑하고 있다.

이 같은 전자금융서비스의 활성화와 새로운 서비스에 대한 고객의 욕구증가에 따라 향후 크게 각광을 받을 것으로 예상되는 것 중 하나가 EBPP^{Electronic Bill Presentment and Payment}서비스이다.

EBPP^{Electronic Bill Presentment and Payment}는 인터넷 기반의 고지 및 납부서비스를 말하는데 한마디로 인터넷기술을 기반으로 하여 고지^{Presentment}와 납부^{Payment}를 하나의 프로세스로 묶은 제도라고 할 수 있다. 예를 들면 납부자가 인터넷상에서 자기가 낼 각종 공과금 및 요금의 고지내역을 확인하고 이를 인터넷뱅킹 등을 통해 바로 납부해 버리는 제도이다. 따라서 현재의 지로장표나 은행창구 납부 위주의 고지납부 방식을 모두 인터넷으로 통합함으로써 고지 · 납부 과정에서 소요되는 직 · 간접적 시간과 비용을 혁신적으로 감소시킬 수 있는 새로운 개념의 고지 및 납부 시스템이라고 할 수 있다.

사실상 2년전부터 우리나라에도 EBPP제도가 도입되어 현재 많은 은행이 인터넷뱅킹과 연계하여 일부 국세, 지방세, 범칙금, 국민

연금, 상하수도요금, 대학등록금 등을 인터넷상에서 조회 및 납부할 수 있는 서비스를 제공 중에 있다. 하지만 아직까지는 주로 전통적인 장표방식, 즉 종이 고지 및 은행창구납부를 이용하고 있는 실정인데, 이는 EBPP 서비스에 대한 대 국민 홍보가 미흡한 데다가 각종 세금이나 공과금 및 요금을 납부하는 주체가 인터넷에 익숙하지 않고, 새로운 서비스에 대한 정보취득이 느린 가정주부라는 점이 간과할 수 없는 요인 중의 하나라고 생각된다. 그러나 최근 들어 고지와 납부 중 한가지는 종전의 장표방식으로 처리하되 다른 하나는 전자적 방식으로 처리하는 형태 말하자면 EBPP중에서 EBP^{Electronic Bill Presentment 또는 Electronic Bill Payment}만을 이용하는 경우가 최근 부쩍 늘어나고 있는 추세이다.

우리나라의 대표적 EBPP서비스인 인터넷지로^{www.giro.or.kr}의 경우 금융공동망과 지로제도를 기반으로 국내 모든 은행과 연계된 EBPP 서비스를 제공하고 있는데 최근들어^{2003년 11월} 이용자수가 100만명을 돌파하는 기록을 보이고 있다.[7] 인터넷지로가 제공하는 서비스 방식에는 고지납부와 조회납부 이외에도 지로장표 정보를 납부자가 직접 웹사이트 상에서 입력하는 입력납부가 있는데 이것은 전자적 고지·납부 절차 중 전자고지 업무를 납부자가 분담하고 있는 것으로 볼 수 있다. 쉽게 말하면 교통경찰관으로부터 받은 교통범칙금고지서를 은행창구에 갈 필요

없이 바로 인터넷지로사이트에 들어가 입력한 후 인터넷뱅킹으로 납부할 수 있다는 이야기이다. 그 외에도 인터넷지로 EBPP서비스는 납부자가 낸 영수증을 5년간 자동 보관해주는 등 여러 가지 유용하고 편리한 점이 많다.

작년2002년 말 전자정부의 공식 출범과 더불어 국세청의 국세통합시스템, 경찰청 법칙금관리시스템 등 그 동안 분리 운영되어 오던 정부의 각종 전산망이 통합되어 인터넷지로시스템과 연계됨에 따라 머지않아 EBPP서비스가 크게 활성화되기를 기대한다.

2003.11. 단국대 신문 칼럼

전자결제와 통화정책의 유효성

전자결제전자화폐의 발전과 통화정책의 유효성에 관한 주요 논의 내용과 이론적 배경 그리고 실증분석 결과를 토대로 전자결제의 발전이 향후 우리나라의 통화정책에 미칠 영향에 관해서 간략히 설명하고 몇 가지 정책적 제언을 하고자 한다.

첫째로 통화량이 일정하다고 가정할 때 전자결제의 사용증가에 따라 현금통화비중이 점차 감소하게 되면 중앙은행의 자산 부채규모가 줄어들어 공개시장조절을 통한 통화관리 및 금리조절기능이 약화되는 결과를 가져 올 수 있다. 더구나 비은행 민간기관이 전자화폐를 발행하게 될 경우 은행과 동일한 통화창출기능을 하게 되어 중앙은행의 독점적 발권력이 약화되고 통화조절기능이 더욱 어려워지는 결과를 초래할 수 있다.

둘째로 전자결제시스템의 발전에 따라서 금융산업의 구조와 지급결제 행태가 어떻게 변화하며, 나아가서는 통화신용정책에 미치는 파급효과가 어떠한지를 정확하게 파악하여 통화조절정책의 신뢰성과 유효성을 제고하여야 할 것이다.

전자화폐를 비롯한 전자결제시스템은 통화량 조절경로의 시차time lag를 줄이는 대신, 변동성은 오히려 증폭시킬 가능성이 있으므로 시차의 변동성과 금융시장참가자들의 행태변화, 금리와 통화량의 상호작용feed-back 등 전자결제 확대에 따른 파급효과를 정확하게 파악해서 대응할 필요성이 크며, 통화유통량money flow이 금리 및 통화량에 미치는 동태적 메카니즘의 측면에서 볼 때 통화정책은 이자율조정정책을 중시하는 방향으로 운영되어야 할 것이다.

이와 관련하여 Solomon모델을 우리나라에 적용한 실증분석 결과는 전자결제의 고도화로 통화회전율이 아주 커지게 되면 통화유통량과 금리의 변동성이 상호 feed-back 작용을 통해 그 변동성이 시간의 흐름에 따라 더욱 증폭되어 가는 불안정 상태를 초래할 가능성을 보여주고 있다.

아울러 복합적 목표지표 설정mixed targeting방식을 채택하여 통화 금리간의 상호작용통로feedback loop를 단절시킴으로써 통화량의 변동이 이자율에 미치는 영향을 최소화시켜 안정적 통화공급정책을 실시해 나갈 필요가 있다.

셋째로 전자결제가 광범위하게 보급 확산될 경우 기존 통화 관련 통계가 통계로서의 신뢰성이나 정보변수로서의 유효성을 유지하기 어렵게 될 것이다. 따라서 이에 관련된 통계지표의 개선보완, 전자화폐관련 통계의 수집방법, 금융시장정보 활용을 위한 제도의 개선정비 등에 관해 보다 포괄적이고 구체적인 검토가 필요하다.

넷째로 전자화폐 등 전자결제기술의 발달은 국내 통화권과 해외 통화권이라고 하는 국경cross-border의 개념을 희박하게 할 가능성을 갖고 있다.

통신기술과 네트워크의 발전은 국내외 자금이동의 대규모 이동 가능성을 촉진시킬 가능성이 있으며 아울러 외국 전자화폐 발행기관의 국내시장 접근이나 국내기관의 해외시장 접근이 용이해 질 수 있다. 이에 따라 외환관리 및 국내 통화관리가 어렵게 될 가능성이 있다. 따라서 전자화폐 발행기관 제한 및 감독문제와 통화관련 통계의 보고의무 부과 등 통화관리 방법상의 문제에 대한 검토가 중요한 과제가 된다.

끝으로 전자화폐발행액을 중앙은행의 지급준비금 부과대상
으로 포함하든가 또는 지급준비정책의 활용 등을 통하여 통화관리기능
을 보완하는 방안이 강구되어야 할 것이다. 예를 들어 전자화폐발행액에
도 지급준비의무를 부과하거나 동일한 지준율을 적용하는 정책을 통해
지급준비수요의 안정화를 도모하거나 또는 지급준비금이나 초과예치금
에 대해 부리를 실시하는 방안을 통해 수익성을 도모하려는 금융기관들
의 행태에 유인을 주어 안정적인 지급준비수요를 유지하도록 하는 방안
이 제시될 수 있을 것이다.

또한 지급준비율을 제로^{또는 지준제도폐지}로 하는 정책을 생각
해 볼 수도 있는데 만일 전자화폐가 현금통화를 완전히 대체하는 극단적
인 상황이 일어나더라도 중앙은행 당좌예금에 안정적인 결제수요가 있
다면, 준비율을 제로로 한다 하더라도 중앙은행의 단기금리조절 능력을
통한 통화조절기능의 유효성은 계속 유지할 수 있을 것이며 아울러 지급
준비제도의 존재에 따른 부작용이나 시장왜곡현상을 해소할 수 있을 것
이다.

최근 뉴질랜드, 영국, 캐나다 등 많은 나라들은 통화신용정

책 수단으로서의 지준제도를 폐지하였고 미국의 경우 지준제도가 있으나 결제자금 수요때문에 필요지준을 초과하고도 남는 수준의 지급준비금을 보유하고 있음은 참고할 만하다. 일부학자들의 주장과 달리 중앙은행의 무위험 특성과 최종대부자로서의 기능때문에 중앙은행의 당좌계정을 통한 최종결제를 대체할 새로운 결제메커니즘의 출현가능성은 적을지도 모른다.

2001.7. 통화금융연구회 발표주제

전자화폐의 발전을 위한 제언

21세기 디지털시대를 살아가는 데 중요한 것은 정보관리와 더불어 시간관리가 아닐까 생각된다. '시간은 돈이다' 또는 요즈음 유행하는 '아침형 인간'의 의미도 소중한 시간을 쓸데없이 낭비말고 효율적으로 관리해서 활용하자는 것이다. 출퇴근 바쁜 시간에 고속도로 톨게이트에서 요금지불 때문에 초래되는 자동차 정체현상이나 버스에 오른 손님이 잔돈이 없어 난처해하는 경우를 목격할 때마다 전자화폐 보급의 필요성을 자주 절감하곤 한다.

올해2004년부터 기존의 자기띠M/S카드가 IC카드스마트카드로 교체될 계획이고, 또한 도로공사와 서울시 신 교통카드사업의 시행을 계기로 전자화폐의 이용이 활성화될 것으로 예상된다. 그 동안 우리나라 전자화폐사업은 숱한 시행착오와 업체간 경쟁심화 등으로 기대수준 이하의 부진한 실적을 보여 왔으나 최근 들어 고속도로 전자통행료징수시스템 ETCS사업과 버스, 지하철 전자지불시스템사업이 추진되면서 새로운 활로를 맞고 있다.

교통카드사업의 성공적 도입으로 전자화폐의 이용도와 신뢰도가 늘어날 경우 향후 온라인분야 및 오프라인유통분야 등으로 점차 확산되면서 전자화폐가 지급결제수단으로 정착될 것으로 기대한다. 교통분야는 소액결제의 특성상 전자화폐의 필요성과 유용성이 가장 크다. 예를 들어 고속도로 주행시 톨게이트를 시속 120km로 통과하면서 전자화폐로 요금결제가 가능하고, 시외버스의 경우 교통단말기와 GPS^{Global Positioning System, 위치추적시스템}의 연계를 통해 계산된 승객의 탑승구간별 요금을 전자화폐로 결제하는 등 편리한 점이 많다.[8]

또한 온라인거래의 경우 고가^{高價}의 단말기나 장비설치 없이도 더미단말기^{PC본체의 외장장치}나 네트워크형 전자화폐를 이용해 인터넷쇼핑, 컨텐츠구매, 온라인 티켓구매, 정부민원서류 온라인발급 등을 처리할 수 있다. 그러나 백화점, 슈퍼마켓, 편의점, 음식점, 주유소 등 오프라인유통분야는 단말기설치 등 인프라구축에 막대한 비용이 수반되기 때문에 전자화폐의 효용성을 높이려면 네트워크효과 내지 외부효과^{externality}가 거의 필수적이다.

전자화폐는 화폐의 기본요건인 익명성, 양도성, 범용성, 즉시 결제성은 물론 디지털화의 부가기능인 분할성과 비대면 격지결제 등의 특성을 갖고 있고 또한 현금화폐의 단점인 위변조, 마모성 및 소지·관리불편 등을 해소하는 장점도 있어 그야말로 디지털시대에 딱 들어맞는 첨단화폐이다. 따라서 이용자, 가맹점, 금융기관 측의 다양한 장점과 유용성은 물론 화폐제조관리비용의 절감효과 등 사회경제적 편익효과가 크다.

따라서 향후 우리나라 전자화폐의 발전을 위해 몇 가지를 제언한다.

첫째, 그 동안 전자화폐업체들의 경쟁적 시장선점과정에서 시장이 분할되고 상호 호환성이 없는 전자화폐가 도입되다보니 전국적 통용이 불가능해져 전자화폐 활성화의 장해요인이 되어 왔다. 전자화폐가 활성화되고 화폐로서의 보편성을 갖추려면 국내외적으로 호환 가능한 운영시스템^{COS}과 개방형 표준규격^{spec}을 채택할 필요가 있다. 최근 비접촉식 전자화폐의 국가표준지불 SAM^{Secure Application Module, 보안응용모듈} 지정을 계기로 교통카드의 전국호환을 기대할 수 있게 되었다. 따라서 유통분야 등 비교통부문용 접촉식 전자화폐도 실효성 있는 표준화를 추진하여 호환되도록 함으로써 이용자들의 편리성을 제고하고 중복투자에 따른 경제적 낭비와 비효율을 줄일 필요가 있다.

둘째, IC카드보급과 충전단말기 및 구매단말기 보급 등 전자화폐 관련 기초인프라구축이 미비한 관계로 전자화폐 시장규모가 현재로는 너무 작다. 따라서 파이를 키우기 위한 전자화폐업체들의 상호협력 및 제휴가 필요시 된다. 윈윈^{Win-Win} 차원에서 각자의 시장을 과감히 개방하고 상호 협력과 경쟁의 묘를 살리는 적극적 전략을 모색할 시점이라고 본다.

셋째로 화폐발행관리 및 자기앞수표 유통으로 인해 국가적으로 매년 엄청난 규모의 비용이 발생되고 있는데 전자화폐의 보급은 이같은 비용을 줄이는데 크게 기여할 것이다. 이러한 관점에서 정부가 스마트카드보급이나 IC단말기 설치 및 교체 등에 소요되는 막대한 규모의 인프라구축비용을 정책적으로 지원하는 방안을 강구할 필요가 있다. 단말기 및 카드납품업체들을 대상으로 세제지원을 한다든가 또는 전자화폐

사용자에 대한 이용촉진방안 등을 검토할 수 있을 것이다.

넷째로 전자화폐의 보급확대를 위해서는 종래의 버스카드처럼 현금이나 수표로도 충전이 가능한 방법을 개발할 필요가 있다. 현재의 예금계좌기반 전자화폐는 예금계좌를 통해서만 충전이 가능하기 때문에 불편한 점이 있고 또한 은행거래가 없는 대부분의 학생들이나 외국인 방문객들은 사실상 전자화폐 사용이 제한될 수밖에 없다. 아울러 카드 하나에 선불, 신용, 직불 기능을 동시 수용하고, 카드형과 네트워크형으로 겸용될 수 있어야 이용자가 편리할 것이며 인터넷 상거래의 효과적 결제수단이 될 수 있다.

끝으로 전자화폐의 활성화를 위해 신용카드이용에 대한 연말소득공제제도 및 복권추첨제와 마찬가지로 전자화폐 이용자 및 가맹점에게도 적절한 유인책을 마련하여야 한다. 전자화폐 이용확대는 무분별한 신용카드사용을 억제하고 신용불량자 발생을 줄이는 효과를 가져올 수 있다. 자체소득신용이 없는 청소년, 학생, 노인계층의 지불수단으로는 신용카드보다 전자화폐또는 직불카드, 체크카드가 오히려 적합할 수 있다.

2004.2. 전자신문 칼럼

End Notes

1 2000년 9월 매일신문에 시리즈로 기고한 칼럼이다.

2 인터넷 전자상거래규모는 2002년에 6조원, 2006년에 13조원, 2010년에 25조원으로 크게 신장하였다.

3 전자금융거래법은 전자화폐에 대해서 사업자인가제, 저장한도 제한, 건전성 심사 등 엄격한 규제와 감독을 규정하고 있다.

4 씨티은행은 우리나라에서도 특허등록을 받아놓았다. 그러나 국내전자화폐시장의 여건에 비추어 은행권과의 분쟁에 따른 실익이 없다는 판단에서 특허권행사를 보류하고 있는 상태이다.

5 QR코드는 스캐너나 휴대폰 카메라를 갖다대면 관련정보와 홈페이지주소가 뜬다. 최근 스마트폰의 유행을 타고 새로운 아이콘으로 부상하고 있는데 다양한 색깔과 모양으로 유용한 정보를 전달할 수 있다.

6 2006년 인터넷상거래규모는 13조원에 달하고, 이용자도 1700만명으로 크게 늘었다.

7 2011년 3월말 인터넷지로 이용자수는 570만명에 달한다.

8 최근 내비게이션겸용 하이패스단말기가 인기리에 팔리고 있다.

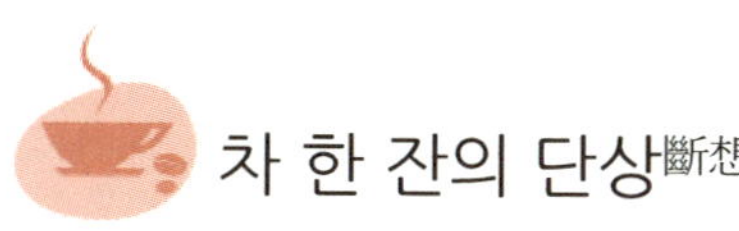

차 한 잔의 단상斷想

다빈치 코드와 디지털 코드

얼마 전에 다빈치 코드라는 소설을 읽었다. 레오나르도 다빈치의 명화 '최후의 만찬'에 숨겨진 M코드의 충격적 비밀을 파헤치는 내용인데 막달라 마리아와 예수의 후손을 둘러싸고 전개되는 초기 기독교 역사의 음모와 갈등, 왜곡된 진실, 이에 맞서는 비밀결사의 활동에 얽힌 스토리가 지난 2천년의 시공을 넘나들며 흥미진진하게 엮어져 나간다. "역사란 항상 승자에 의해 기록된다"라며 작가가 제시하는 메시지는 역사의 진위에 대한 묘한 여운을 남긴다. 소설이긴 하지만 치밀한 가설과 풍부한 방증자료, 놀라운 상상력에 절로 감탄하게 된다

대략 50년 전, 내가 어린 시절은 컴퓨터나 인터넷은 고사하고 TV라는 단어조차 없던 시대이다. 그래서 만화책이나 소설책을 즐겨 읽었는데, 특히 투명인간, 천리 밖을 내다보는 천리안, 인조인간 프랑켄슈타인, 죠지오웰의 빅 브라더 등과 같은 공상과학물에 빠져 상상의 날개를 펼치던 기억이 남는다. 또한 마음졸이며 읽던 괴기 만화책이 생각나는데 주인공이 방안의 거울 속으로 훌쩍 뛰어 들어가면 이 세상과는 전연 다른 별세계가 펼쳐지는데 기이한 사건들과 숱한 우여곡절을 겪다가 거

울 밖으로 뛰쳐나와 현실의 세계로 돌아오는 내용이다.

또한 그 시절 우연히 보게 된 한편의 공상과학영화^{1966년, SF영화 Fantastic Voyage}도 잊을 수 없는데 저격을 받고 혼수당태에 빠진 과학자를 살리려고 주인공들이 잠수함을 타고 과학자의 몸속으로 들어가서 뇌 수술을 끝내고 탈출하는 내용인데 주인공들이 탄 보트가 커다란 호수의 폭포에 휩쓸려 떨어지는^{실은 환자의 눈물방울을 타고 신체 밖으로 나오는} 장면을 리얼하게 묘사하여 무척 인상적이었다.

10년이면 강산도 변한다고 하는데 그 동안 세상은 정말 천지개벽할 만큼 많이 바뀌었다. 바야흐로 21세기가 아닌가? 만화나 소설 또는 영화에서 읽고 본 상상의 이야기, 꿈같은 이야기들이 오늘날 상당부분 현실화되고 있어 놀라울 정도이다. 만리 밖을 볼 수 있는 인터넷, 인조로봇, 화성탐사, 서로 얼굴을 보며 통화하는 화상휴대전화, 3차원 바코드, RFID, 유전자 조작과 체세포복제, 쌍방향 텔레비전, 텔레메틱스, 유비쿼터스 등 상상을 초월할 정도로 엄청난 변화와 발전이 지금 우리주변에서 진행되고 있지 않는가?!

가끔 이런 생각을 해본다. 마우스를 클릭하면 펼쳐지는 모니

터속 사이버 세계는 앞서 말한 거울속 세계를 현실화시킨 것 같고 또한 캡슐내시경으로 인체내부를 탐사하고 로봇기술로 레이저 수술하는 현대 첨단의술은 앞서 말한 공상과학 영화 등에서 아이디어를 얻었을 거라고 말이다.

향후 50년 아니 20년 후 미래는 어떠한 모습일까 상상해 본다. 아마도 IT^{정보통신기술}, BT^{생명공학기술}, NT^{나노기술} 등 신기술을 접목한 산업융합화현상이 가속화되는 가운데 제 2 의 IT혁명이라고 부를 수 있는 유비쿼터스 환경이 구현되어 디지털 기반사회, 지능기반사회가 도래하고 어쩌면 우주여행이 실현될지도 모를 일이다.

이와 같은 미래의 트렌드변화에 적응하지 못하면 개인이나 기업은 물론 국가도 글로벌한 무한경쟁의 세계에서 낙오하기 마련이다. 토지, 노동, 자본이라는 전통적 생산요소 보다는 과학정보기술과 지식정보의 중요성이 강조되고, 획일적이고 정형화된 사고나 수직적 사회시스템보다는 다양성과 창의력을 발휘할 수 있는 자유로운 사고와 기능적 사회시스템이 경쟁력을 결정짓는 요체가 될 것이다.

나는 강단에 설때마다 젊은 학생들이 시대적 변화를 인식하는 미래지향적인 안목과 상상력을 키워 나가기를 바라는 마음 간절하다.

학생들 스스로 사고의 패러다임을 과감히 바꾸고 자유분방한 사고력과 풍부한 상상력, 왕성한 지적 갈증과 학문적 정열로 학창시절을 보내기를 기대한다. 경제학자 알프레드 마샬의 말처럼 진리를 추구하는 냉철한 머리와 이웃을 배려하는 따듯한 가슴을 지니기를 바란다. 그리하여 21세기를 주도하는 인재들이 과학, 경제, 문화예술 등 다양한 분야에서 쏟아져 나왔으면 좋겠다.

21세기 디지털 시대, 지식정보화 시대가 필요로 하는 인재의 기본코드는 무엇일까? 그것은 "아이(I)"자형이나 "티(T)"자형이 아닌 "십(十)"자형 인재이다. 세로의 'ㅣ'는 전문가적 지식을, 가로의 'ㅡ'는 제너럴리스트로서의 지식을 의미하는데 예를 들면 "티(T)"자형 인재의 경우 자기의 전문분야는 물론이고 여타분야에 대해서도 어느 정도 깊이 있는 지식을 갖고 있어야 한다는 뜻이다. 그러나 '십(十)'자형 인재의 경우 가로의 'ㅡ'가 가운데까지 내려와 있는데, 이는 여타분야에도 전문가 못지않은 해박한 지식이 필요하다는 의미이다. "You should know everything of something and something of everything"이란 말을 새겨두기 바란다.

2005.3. 단국대 신문 칼럼

전지전능한 플라스틱 머니
-신용카드

- 카드VAN시장과 신용사회구축
- 신용카드시장의 특성
- 차세대 신용카드 EMV에 대해서
- 신용카드사의 지급결제서비스 기능제고방향
- 가맹점수수료논쟁의 발생원인은 무엇인가
- 카드수수료 시장변화 유도를
- 가맹점수수료 책정기준의 개선이 필요하다
- 우리나라 카드산업의 비전과 발전전략
- 신용카드시장의 구조변화와 효율성 제고를 위한 정책방향
- 카드시장의 환경변화와 VAN업계의 발전방안
- 체크카드 가맹점 수수료율 인하영향과 대응방안

* 차 한 잔의 단상斷想−우리경제 언제쯤 꽃 피는 봄이 올까?

−미래를 향한 클릭click

카드VAN시장과 신용사회구축

꿀벌의 우화fable of the bees를 통해 애덤 스미스英, Adam Smith는 자본주의 사회의 기본원리를 설명하고 있다. 꿀벌이 꿀을 찾아 이 꽃 저 꽃을 날아다니다 보면 자기도 모르게 꽃가루를 옮겨 꽃의 수정을 돕게 되듯이 자본주의 사회에서는 각자가 자신의 이익을 추구함으로써 사회전체의 이익도 증진시킬 수 있다는 것이다. 국내 카드VAN시장의 발달과 그에 따른 신용사회의 조기정착 현상이야말로 바로 이 같은 우화寓話가 상징하는 바를 실제 보여주는 것이 아닌가 생각된다.

우리나라의 경우 외국과 달리 카드VANValue Added Network업체들을 중심으로 카드결제시장이 발전하고 있는데 이들은 신용카드결제시 가맹점의 단말기와 카드사의 호스트 컴퓨터를 네트워크로 연결해 카드거래 승인, 매입요청 자료 전송중계, 매입요청 대행 등의 결제서비스, 즉 부가가치통신망Value Added Network 서비스를 제공해주고 카드사로부터 일정 수수료를 받아 매출수익을 올린다.[1]

카드사용률이 늘어날수록 매출수익도 증가하기 때문에 VAN업체들로서는 그동안 신규 가맹점 확보와 단말기 보급 및 네트워크 구축 등 인프라 확충을 통해 카드결제시장의 확대와 자사의 마켓쉐어를 늘리기 위해 전력을 기울여온 것이 사실이다.

최근 정부의 신용카드사용 활성화 정책에 힘입어 신용카드 결제가 폭발적인 증가추세를 보이는 가운데 올해 카드VAN시장 규모가 거래건수 10억건에 사용금액이 400조원을 넘을 것이라 예상하고 이에 따라 카드회사나 VAN사 등 관련업계의 수익증가는 물론 정부도 세수확대의 덕을 톡톡히 보고 있다는 소식이다.

신용사회구축이란 측면에서 볼 때 신용카드의 사용증가는 거래의 신뢰성과 투명성 제고를 통해 선진신용사회의 도래를 앞당기는 촉매제가 된다는 사회경제적 의미가 크다.

또한 이 과정에서 카드VAN업체들이 우리나라 신용사회의 조기정착을 위해 첨병 역할을 해온 게 아니냐 하는 생각이 든다.

물론 카드사들의 적극적인 카드보급 노력이나 정부의 제도적 지원 또한 신용카드이용 활성화의 필수적 요소였음을 절대 과소평가할 수 없겠으나 특히 여러 불리한 여건과 어려운 시장환경 속에서 VAN업체들이 기울인 노고는 비록 그것이 사적이익 추구를 목표로 한 것이었지만·결과적으로 신용사회구축에 유효하게 기여했다는 점에서 꿀벌의 우화에 비유될 수 있다고 여겨진다.

혹자는 VAN업체라는 것이 미국이나 유럽에는 없는 우리나라만의 독특한 제도라 해 다소 부정적 시각으로 보기도 하지만 필자는 오히려 긍정적 측면이 많다고 본다.

왜냐하면 카드사와 은행 그리고 VAN사가 적절히 분업화됨으로써 애덤 스미스가 말하는 사회적 분업의 효과를 적절히 살리고 있기 때문이다. 이렇게 쓰다 보니 마치 VAN업체 예찬론이 된 것 같은데 향후 발전을 위해 몇 마디 덧붙이고자 한다.

첫째, 현재 신용카드결제 위주의 VAN기능이 앞으로 전자화폐 결제, 인터넷 PG^{payment gateway} 등 다양한 부가서비스를 포괄하는 통합

VAN기능으로 급속히 발전될 것으로 전망되므로 이같은 변화에 적극 대응할 필요가 있다.

둘째, 신규 VAN업체의 진출 등으로 VAN시장의 경쟁이 더욱 치열해질 것으로 예상되므로 고객들의 니즈needs나 애로점을 사전에 분석 대응할 수 있는 네트워크의 구축 또는 CRMcustomer relationship management 기능의 강화가 필요할 것이다.

끝으로 향후 VAN시장의 지속적 발전을 위해서는 시장 규모에 맞는 효율적 투자와 고객서비스 강화가 필요하며 이를 위한 VAN업체 간 협조체제 내지 역할분담을 생각해볼 수 있을 것이다. 예컨대 분실, 위변조 카드 등에 대한 조기신고 및 사고예방 시스템을 카드사와 공동으로 도입함으로써 카드 사용의 피해를 줄이고 신용사회의 정착에도 이바지할 수 있을 것이다.

2001.11. 서울경제신문 칼럼

신용카드시장의 특성

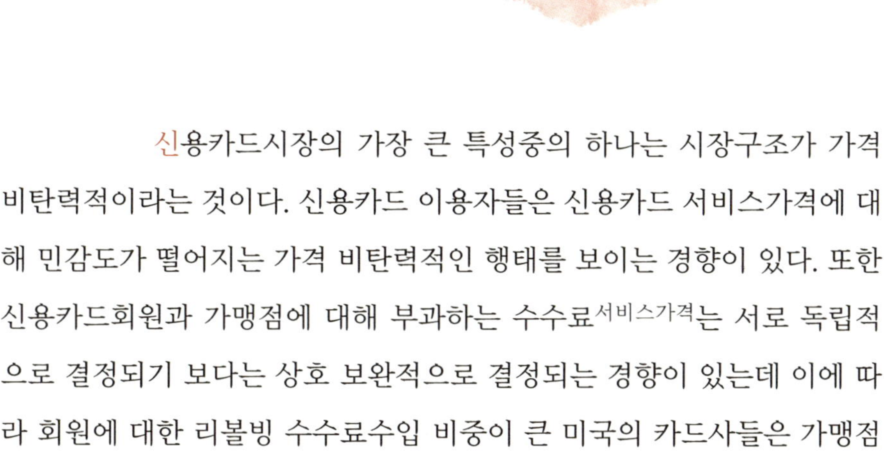

신용카드시장의 가장 큰 특성중의 하나는 시장구조가 가격 비탄력적이라는 것이다. 신용카드 이용자들은 신용카드 서비스가격에 대해 민감도가 떨어지는 가격 비탄력적인 행태를 보이는 경향이 있다. 또한 신용카드회원과 가맹점에 대해 부과하는 수수료서비스가격는 서로 독립적으로 결정되기 보다는 상호 보완적으로 결정되는 경향이 있는데 이에 따라 회원에 대한 리볼빙 수수료수입 비중이 큰 미국의 카드사들은 가맹점 수수료에 별로 의존하지 않으며 한국이나 일본처럼 리볼빙 수수료수입이 없는 경우에는 가맹점수수료에 대한 의존도가 아주 높다.

신용카드의 시장구조가 가격비탄력적인 이유에 관해서는 몇 가지 이론적 가설이 있다.

첫 번째 가설은 보다 낮은 가격으로 공급하는 다른 신용카드사의 서비스를 찾는데 소요되는 탐색비용search cost 때문이라는 것이다. 기존 카드보다 유리한 조건의 다른 카드사의 상품이나 서비스에 대한 정보를 탐색하는데 시간과 노력과 비용이 든다면 그 만큼 얻을 수 있는 정보량은 제한될 수밖에 없고 따라서 카드이용자들은 그만큼 서비스가격에 민감하지 않을 수밖에 없다. 감독당국이 카드사로 하여금 연회비, 카드이자, 가맹점수수료율 등의 정보를 공개하도록 의무화하는 것은 바로 이러한 탐색비용을 절감하기 위한 것이다.

두 번째 가설은 새로운 신용카드로 교체시키려면 상당한 전환비용switch cost이 들기 때문이라는 것이다. 즉 카드 전환에 따른 연회비의 추가 부담과 새로이 신용도를 쌓아야 하는 부담, 기존 카드사에서 제공받던 우대조건을 포기하는 기회비용이 발생하므로, 어느 정도 범위내의 가격차이라면 차라리 기존카드를 그냥 사용하는 경향이 있다는 것이다.

세 번째 가설은 정보의 비대칭성information asymmetry과 역선택adverse selection이 작용하기 때문이라는 것이다. 카드사가 고객의 신용정보에 접근하는 어려움이 고객이 카드사의 정보를 얻는 어려움보다 훨씬 크다는 것이 정보의 비대칭성이다. 신용도가 높고 위험이 낮은 고객은 금리에 민감하고 카드대출을 받지 않으려는 경향이 있는 반면, 신용도가 낮고 위험도가 높은 고객은 금리에 덜 민감해서 결국 신용공여의 주고객이 된다는 것이 역선택이론이다. 이러한 정보의 비대칭성과 역선택문제로 인해 카드사는 가격비탄력적인 한계신용 고객들을 유인하게 되어 리스크 증가의 위험성에 직면할 가능성이 있게 된다.

이러한 요인들로 인해 신용카드시장은 완전경쟁시장을 이루기 어려운 측면이 있고 이에 따라 카드시장의 서비스가격은 수요자보다는 공급자에 의해 결정되고 시장금리와 연동되지 않는 경직성을 지니는 경향이 있다. 예를 들어 1998년부터 2002년까지의 콜금리와 신용카드 현금서비스의 금리 변화를 비교해 보면 콜금리는 20% 이상에서 10% 수준으로 급격한 변화를 보인 반면에 카드대출^{현금서비스}금리는 변화가 아주 미미한^{비탄력적} 것을 보여주고 있다.

2007.10. 단국대 경영대학원 특강

차세대 신용카드 EMV에 대해서

오늘날 전 세계적으로 가장 범용화된 결제수단은 신용카드라고 해도 과언이 아닐 만큼, 신용카드는 보편적인 지급결제수단으로 정착·이용되고 있다. 신용카드는 그 편리성과 신속성, 휴대성 등의 이점이 있어 세계 각국에서 사용되기 시작한 이래 현재까지 카드소지자는 수십억 명에 달하고 있고, 최근에는 자본주의체제를 수용하기 시작한 중국에서조차도 전기요금지불을 신용카드로 하는 등 신용카드의 이용보급이 지속적으로 늘어나는 추세이다. 누군가의 말대로 지구촌은 정녕 신용카드제국이 된 것이 아닌가 생각될 정도이다.

그런데 이에 따라 신용카드를 이용한 각종 범죄도 계속 늘어나고 있어 문제다. 잘 아는 것처럼 매스컴에 신용카드관련 범죄사건들이 자주 발표되는데 이는 사실 빙산의 일각에 불과할 뿐, 카드업계와 금융기관들은 신용카드의 비정상적인 거래와 사기거래에 대해 많은 고심을 하고 있다. 이는 일본이나 대만, 홍콩, 미국 등 해외에서도 마찬가지 실정이다. 더구나 최근 들어 인터넷 상거래가 늘어나면서 신용카드를 이용한 카드사건 수법은 훨씬 더 교묘하고 치밀하다.

이 같은 문제점을 해결하기 위해 비자카드사, 마스터카드사, 유로페이 등 3대 신용카드사가 마련한 것이 바로 EMV^{Europay, Visa, Master}신용카드이다. EMV카드는 신용카드, 직불카드, 선불카드를 통합한 차세대신용카드로 불리고 있는데 오프라인 가맹점거래에서는 물론 인터넷 온라인거래에서도 사용될 수 있다.

우선 차세대 신용카드인 EMV카드의 특징을 간략히 살펴보면 첫째로 카드의 위·변조가 불가능하여 사기거래의 위험성이 없고,
둘째로 가맹점 측에서 거래내역의 조작이 불가능하며,
셋째로 신용카드기능, 직불카드기능, 전자화폐^{선불카드}기능을 한 장의 카드에 모두 담고 있어 지급규모에 따라 소비자가

마음대로 골라서 사용할 수 있으며,

넷째로 직불카드 기능이 있어 구태여 은행에 가지 않고도 집이나 사무실에서 인터넷뱅킹을 할 수 있고,

다섯째 보안성이 뛰어나 사이버공간에서도 안심하고 사용할 수 있으며,

여섯째 차세대 이동통신인 IMT2000의 핵심기능인 모바일뱅킹을 EMV카드로 구현할 수 있다.

위의 내용과 관련해서 좀 더 구체적으로 살펴보면 EMV카드는 기본적으로 ISO7816규격의 접촉식 IC Card를 사용한다. IC Card는 CSN^{Card Serial Number}이란 유일한 일련번호를 가지고 있는데, CSN은 국가코드를 포함한 제조업체 코드를 ISO에서 부여받아, 반도체 제조공정번호를 포함한 32비트로 구성된 번호이며 어떠한 경우에도 동일한 카드가 존재할 수 없도록 구성하여 카드의 위조, 변조가 사실상 불가능하도록 되어있다. IC카드는 CSN을 기반으로 해서 카드 내부에 PKI^{Public Key Infrastructure}암호키와 암호알고리즘을 내장하고 있기 때문에 누군가가 카드를 복제한다 하더라도 동작되지 않는다. 또한 카드내부에 PIN^{Personal Identification Number}의 불일치 회수를 제한하고 있기 때문에 예컨대 카드내부의 PIN과 카드소지자가 입력한 PIN이 3번 이상 일치하지 않을 경

우 EMV카드는 저절로 잠기게 되어 다른 사람이 사용할 수 없으며, 카드 발급자의 상호확인 절차에 의해서만 잠긴 카드를 다시 복원시킬 수 있다. 그리고 PIN 확인절차가 신용카드사 서버와의 통신을 통해 이루어지는 것이 아니라 카드소지자와 가맹점단말기간에 바로 이루어지고 동시에 PIN입력이 디지털서명으로 되기 때문에 타인의 사용이 불가능하다. 따라서 현재의 자기띠 신용카드를 사용할 때 VAN업체를 통해 신용카드의 정상여부를 조회해야 했던 절차가 EMV카드의 경우에서는 필요없게 된다.

이와 같은 EMV카드는 세계 각국에서 보급 준비 중에 있거나 이미 보급 중에 있는 나라들도 있는데 유럽의 경우 2004년까지 모든 신용카드를 EMV로 대체 발급할 계획이고, 미국, 일본, 한국 등 아시아 지역의 경우 2006년까지 모든 신용카드를 EMV로 대체 발급할 예정이다. 필자의 생각에는 늦어도 앞으로 5~6년 내에는 EMV카드가 명실공히 차세대 글로벌결제수단으로 정착될 것으로 전망된다.

2003. 10. 단국대 신문 칼럼

신용카드사의 지급결제서비스 기능제고방향

우리나라 국민이 가장 자주 이용하는 지급결제수단은 신용카드이다. 경제활동인구 1인당 약 3.5매를 소지하고 있는 신용카드는 지난 15년간 이용건수와 이용금액면에서 지속적인 성장을 보여왔는데, 1990년 13조원에 불과하던 신용카드 이용금액이 2002년 623조, 2004년 358조원으로 크게 증가하였다. 이와 같은 규모는 대략 우리나라 민간소비지출의 42~45%에 해당되는 금액이다.[2]

이는 신용카드가 지급결제수단으로서의 기능이 매우 크다는 것을 단적으로 보여주는 것이다. 또한 대중적인 지급결제수단으로서의 휴대편리성과 정보화시대에 걸맞게 정보처리능력도 갖추고 있어 신용카드는 앞으로도 정보화시대에 가장 어울리는 지급결제수단이 될 것으로 전망된다.

　그러나 이와 같이 우리나라의 신용카드가 지니는 지급결제수단으로서의 비중이나 중요성에 비추어 볼 때 신용카드사의 지급결제서비스 기능은 일정한 내생적 한계에 직면해 있는 것으로 보인다. 따라서 신용카드사의 현안문제를 중심으로 신용카드사의 지급결제서비스 제고방향과 그 가능성에 대해 살펴보고자 한다.

　첫째로, 신용카드사들의 지급결제서비스기능 제고를 위해서는 카드사들의 은행공동망 가입방안을 생각해 볼 수 있다.

　금융혁신과 금융겸업화, 정보통신기술의 발달 등으로 금융환경이 급변하는 가운데 전통적인 은행, 비은행의 업무차별성이 점차 더 모호해짐에 따라 증권 및 보험사 등 비은행금융권에서는 취급업무의 확충을 통해 경쟁력을 강화하고 소비자의 지급결제편의를 도모하는 한편 은행에 대한 수수료지급을 절감하고자 은행권의 지급결제시스템에 직접 참여하는 방안을 모색하고 있다. 예컨대 증권업계는 은행공동망에의 직접참가를 통해 증권종합계좌Cash Management Account, CMA 이용고객에 대한 지급결제서비스 기능 강화를 추진하고 있으며 보험업계는 은행의 방카

슈랑스 시행에 대응한 업무영역 확대방안으로 보험회사의 지급결제서비스 확충과 이를 위한 내로우뱅킹Narrow Banking의 도입을 추진하고 있다. 그리고 이에 대해서는 지급결제시스템의 효율성efficiency, 안전성safety, 소비자 편익 제고라는 측면에서 정책적 검토가 필요할 것이다.

그렇지만 신용카드사의 경우 증권사나 보험사와 같은 방식으로 은행공동망가입을 원하는 것인지는 분명하지 않다. 기본적으로 카드사는 고객으로부터의 수신기능이 없는 여신전문금융기관이라는 특성을 감안할 때고객 결제계좌를 자체적으로 보유하지 못하며, 은행계좌를 결제계좌로 이용 과연 은행공동망 가입이 가능한 것인지 또한 가능하다 하더라도 막대한 가입비를 부담하고 그만한 실익과 실효성을 걷을 수 있을 것인지에 대해 근본적인 의문이 있다. 예컨대 상호신용금고나 증권회사와 같은 비은행금융기관의 경우 수신행위에 따른 고객예금계좌를 보유하고 있고 따라서 은행공동망가입시 은행계좌로의 자금이체나 은행 CD기에서의 현금인출이 가능해지고 동시에 은행계좌의 예금을 비은행금융기관의 고객계좌로 이체하거나 현금인출이 가능해지는 메리트가 있으나 카드사의 경우 자체적인 예금계좌가 없기 때문에 이와 같은 효과를 기대하기 어려울 것으로 생각된다.

둘째, 가상계좌를 활용한 CD공동망의 간접 이용방식을 통해 지급결제서비스의 기능을 제고하는 방법을 대안으로 검토할 수 있다. 가상계좌virtual account란 은행 모계좌실계좌에 딸린 무수히 많은 자계좌를 말하는 것으로 일종의 전산코드 또는 CMS코드로 볼 수도 있는데 가상계좌로의 입출금은 사실상 모계좌로의 입출금과 동일하다. 비은행기관이 은행에 모계좌에 해당하는 일반계좌보통예금, 당좌예금를 개설한 후 그 아래 필요한 고객수 만큼수천만개까지도 가능 가상계좌를 제공받아 고객별로 적당한 인식번호핸드폰번호, 주민등록번호, 이메일 등를 매칭해서 가상계좌를 부여한다. 그러면 고객은 모든 은행의 창구나 CD기를 통해 입출금 및 송금이 가능하고 동 자금은 실시간으로 모계좌에 연결되기 때문에 가상계좌서비스는 일종의 무통장입출금 자동처리서비스라고 볼 수 있다.

사실상 비은행금융기관에 대한 가상계좌제공은 1996년에 금융전산망추진위원회 사무국인 한국은행이 금융전산망의 효율성과 안전성을 저해하지 않으면서 국민의 금융편의 증진및 금융산업의 경쟁력강화 차원에서 비은행금융기관의 CD기를 이용한 펌뱅킹입출금서비스를 공식 허용하면서 시작되었다. 현재 가상계좌서비스는 대부분의 증권회사 및 보험회사, 할부금융사, 통신회사 등 비은행권에서 이미 널리 이용되고 있고 또한 공정거래위원회나 금융감독원에서도 고객의 금융결제편의 도모 측면에서 가상계좌 허용을 권장하고 있는 입장이다.

또한 가상계좌서비스는 이용고객이나 비은행 이용기관뿐만 아니라 은행권에서도 모계좌 유치로 인한 평잔 및 자금운용수익 증가, 고객접점 확대와 업무제휴강화 등 전략적 측면에서 여러 가지 유리한 점이 있다.

따라서 신용카드사에 대해서만 차별적인 조치를 취하는 방식을 지양하고 은행권 전체가 가상계좌를 통한 공정한 수익과 공정한 경쟁을 하는 방향으로 카드사들의 가상계좌서비스를 개방하는 합리적인 방안을 은행권과 카드사들이 공동으로 논의할 필요가 있다. 예를 들면 은행간 수익의 형평성을 기할 수 있는 수수료체계 도입, 가상계좌 운영을 통한 수익의 합리적 배분방안, 은행권 CD공동망 투자비용의 보전을 통한 CD공동망 간접참가 방식 등을 들 수 있다. 구체적인 수수료나 비용수준 및 참가방식에 대해서는 이미 은행권의 가상계좌를 이용하고 있는 증권사, 통신회사 등 여타 비은행권의 경우와 형평성을 유지할 필요가 있음은 물론이다.

끝으로 은행계 카드사와 전업계 카드사에 대한 은행권의 CD

기 현금서비스의 차별적 수수료 부과와 관련한 형평성 문제와 수수료 수준의 적정성 문제는 은행과 신용카드사간의 이해관계가 상충되는 부분이므로 시장논리와 금융기관 간 상호 절충과 조정을 통해 해결될 성질이다. 참고로 은행권의 CD/ATM기 이용현황을 보면 현금 및 수표입출금, 계좌이체, 잔액조회 등 예금 관련서비스가 85%이상이고 신용카드 관련서비스 비중이 12% 수준인 상황에서 은행권이 수수료수입 확대차원에서 CD기 이용수수료를 전략적으로 인상한 측면이 있다. 그러나 현금입출금 등의 거래건수 감소추세로 인한 적정수익의 실현과 이용률제고를 통한 투자비용의 회수를 위해서는 거래건수의 증가가 필요하고 이를 위해서는 수수료 수준의 탄력적 조정내지 수수료체계의 합리화와 수익모델의 다양화가 불가피할 것이다.

또한 이와 관련하여 증권사나 보험사의 고객이 은행에 납부하는 은행공동망 이용수수료의 경우 은행고객과 거의 같은 수준이라는 점을 이해할 필요가 있는데, 이는 증권·보험사가 수수료 중 일정부분을 부담함으로서 고객의 은행공동망 이용수수료를 은행고객과 거의 동일한 수준으로 책정하기 때문이다.

한편 전업계 카드사의 경우 은행 CD기를 이용하는 대신에 신용카드단말기 자체에 CD/ATM기능을 구현하는 방안도 생각해 볼 수 있을 것이다. 예컨대 고객이 가맹점에 설치된 카드단말기를 통해 현금서비스를 받고^{가맹점주가 고객에게 현금을 선지급}, 카드사가 해당금액을 거래 당일 또는 거래익일까지 가맹점주의 계좌로 입급하는 방식이다. 은행의 CD/ATM단말기설치대수는 인구 백만명당 1,700대에 불과한 반면, 신용카드단말기는 64,000대에 달하고 있고, 카드단말기가 신용, 체크, 현금카드, 전자화폐 등 다양한 지급결제수단을 수용하면서 계속 진화하기 때문에 이용자의 지급결제편의를 도모하기 위해 어떠한 형태로든 지급결제단말기의 통합이 가능할 것으로 전망된다.

2006.6. 신용카드 칼럼

가맹점수수료논쟁의 발생원인은 무엇인가

카드사들이나 가맹점이나 모두 이윤극대화를 목표로 하는 사私기업이다. 카드사 입장에서는 가맹점수수료가 주요한 수익이 되지만 가맹점 입장에서는 비용으로 인식되기 때문에 수수료에 대한 양측의 시각은 기본적으로 상충될 수밖에 없다. 가맹점수수료를 둘러싼 분쟁이나 논쟁은 바로 이러한 양측의 상반된 입장과 함께 우리나라 카드시장의 구조적 문제점에서 비롯된다고 볼 수 있다.

첫째, 우리나라의 카드시장은 가맹점 공동이용제universal acceptance와 매출전표 집중매입제one acquirer/one merchant가 시행되지 않는 비효율적 구조를 안고 있다. 이로 인한 중복투자와 가맹점 중복관리비용 등으로 가맹점수수료가 가중되는 측면이 있고 이것이 궁극적으로 수수료 분쟁의 근본원인이 되고 있는 것이다.

둘째, 회원고객과 가맹점 모두에게 서비스를 제공하는 카드산업의 특수성 때문에 카드사의 성패는 가맹점수와 카드회원수에 의해 좌우된다고 해도 과언이 아닌데 회원확대를 위해서는 연회비를 낮추고 이를 가맹점수수료로 충당해야 하며, 반대로 가맹점확대를 위해서는 가맹점수수료를 낮추고 이를 연회비 등 회원수수료로 충당해야 하는 딜레마가 있다. 물론 카드사로서는 가맹점수수료와 회원수수료를 가급적 합리적인 수준에서 책정해서 목표로 하는 회원수와 가맹점수 그리고 목표수익을 달성하도록 하여야 하는데 국내 카드시장의 수익구조상 회원수수료는 가능한 낮추고 이를 가맹점수수료로 충당하는 것이 불가피한 현실이다. 우리나라의 경우 카드신용판매구조는 일시불결제가 대부분이어서 회원수수료보다는 가맹점수수료에 의존할 수밖에 없는 수입구조인 반면에 미국의 경우 리볼빙결제가 활성화되어 있어 회원으로부터 받는 리볼빙이자 위주의 수입구조로 되어 있다. 이러한 요인들이 결국 수수료 분쟁의 주요원인으로 작용하게 된다.

셋째, 가맹점수수료는 가맹점에 대한 카드대금의 선지급과 카드회원으로부터의 카드대금 회수시점간의 자금부담에 대한 이자성격으로 볼 수 있고, 따라서 신용카드사용으로 그 만큼 판매증가와 대손비용 감소라는 혜택을 누리는 가맹점이 카드회원의 이자비용을 대납하는 것이 당연하다고 보는 것이 카드사의 시각이다. 또한 가맹점이 수수료를 부담하는 만큼 카드회원의 연회비 인하 및 포인트 적립 등 부가서비스의 제공을 통해 회원서비스를 확충함으로서 결과적으로 카드이용고객증가와 카드사용률 증가라고 하는 간접적 혜택이 가맹점의 혜택으로 되돌아간다는 것이 카드사의 시각이다.

그러나 가맹점의 시각에서는 가맹점수수료는 카드사용자가 후불 결제하는 것인 만큼 오히려 카드회원이나 카드사가 부담해야 하는 것이 타당하며 또한 가맹점수수료를 카드사가 일방적으로 결정할 뿐 아니라 원가를 크게 상회하는 고율의 수수료를 부과해서 폭리를 취하고 있다는 시각을 지니고 있다. 또한 가맹점수수료의 부담은 결국 고객들에게로 전가되어 상거래발전에도 부정적 영향을 미칠 수 있다는 것이 가맹점들의 시각이다.

이와 같은 가맹점과 카드사의 상반된 시각에서 수수료 분쟁이나 논쟁이 발단되고 있으며 또한 신용카드사의 막대한 수익실현 때문에 비롯된 측면도 있다.

넷째, 이윤을 추구하는 기업의 입장에서 보면 가맹점 수수료 상의 근소한^{marginal} 차이가 기업수지에 상당한 차이를 가져올 수 있다. 예를 들어 가맹점수수료에 0.1%의 차이가 난다고 가정하더라도 월 매출이 수십억원 또는 수백억원에 달할 경우 수수료 차이는 심각하다. 가끔 고객이 신용카드를 사용하려고 할 때 가맹점이 특정 카드사의 카드를 선호하는 사례가 발생하는데 이는 해당 카드사의 가맹점 수수료가 다른 카드사에 비해 낮기 때문이다. 이러한 사례는 후발카드사가 신규 가맹점확보를 위해 가맹점수수료를 여타 카드사보다 인하해주거나 또는 주유소나 할인마트 등 대형가맹점들이 가맹점수수료 협상에 전략적으로 이용하기 위해 특정 카드사의 카드를 기피하거나 선호하는 경우에 일어나며 이것이 수수료분쟁의 발생 원인으로 확대되는 경향이 있다.

2007.9. e-payzine 기고칼럼

카드수수료 시장변화 유도를

"It takes two to tango"

신용카드산업의 특성을 단적으로 설명하는 말이다. 신용카드회원과 가맹점, 이 둘 중에 어느 하나가 없어도 카드시장은 존재할 수 없다. 양자의 중요성은 선후를 가릴 수 없을 만큼 필수조건이기 때문에 흔히 닭이 먼저냐 달걀이 먼저냐 하는 논란에 비유되기도 한다.

카드산업이 갖는 이 같은 특성은 규모의 경제효과와 비탄력적 시장구조라는 또 다른 특성과 맞물려 가격결정구조를 여타 산업의 경우와 차별화하는 경향이 있다. 일반 제조업이나 서비스업은 소비자만을 대상으로 하는 원사이디드one-sided 플랫폼으로 공급자의 상품원가와 수요자의 구매욕구를 반영하는 수요공급원리에 따라 시장가격이 결정된다. 반면 카드처럼 가맹점과 회원 양자를 대상으로 하는 투사이디드two-sided 플랫폼의 경우에는 원가외에 여러 가지 요인이 복합적으로 그리고 상호 보완적으로 작용한다.

최근 카드사의 가맹점수수료를 둘러싼 논쟁과 관련해 규제 논의가 제기되고 있다. 가맹점수수료 분쟁은 비단 우리나라에 국한된 문제가 아님을 이해할 필요가 있다. 오래전부터 미국을 비롯한 세계 각국에서 유사한 분쟁과 법적 소송이 그치지 않았는데, 어찌 보면 카드산업이 태생적으로 안고 있는 문제가 아닐까 생각된다. 앞서 설명한 카드산업 고유의 특성뿐 아니라 업종별 · 가맹점별로 위험도, 유동성, 신용공여기간 등이 천차만별이라 적정 기준을 획일화하기 어렵기 때문이다.

수수료 문제와 관련해 가맹점이나 카드사의 공동담합행위가 있는 경우는 외국처럼 공정거래차원에서 규제가 당연히 필요할 것이다. 그러나 수수료의 결정과정이나 구체적 수준에 대해서 정부 등 제3자가 개입하거나 규제하는 것은 타당치도 않고 바람직하지도 않다. 가격규제는 소비자후생을 감소시킬 가능성과 함께 시장의 효율성을 저해할 우려가 있다. 카드시장과 가맹점시장이 모두 경쟁적 구조라면, 가맹점수수료가 인하될 경우 그만큼 가맹점의 상품가격이 하락해 소비자편익이 증가할 수 있겠지만, 비경쟁적 시장구조에서는 카드사가 가맹점수수료 수입의 감소를 전가하는 방법으로 회원수수료를 높일 가능성이 있어 결국 소비자편익이 줄어드는 결과를 가져 올 수 있다.

미국의 경우 가맹점수수료는 거래규모, 거래방식, 신용도, 업종 및 영업형태 등 시장원리에 따라 자율적으로 결정되고 정부에 의한 인위적 개입이 없다. 개인이 신용평가기준에 따라 금리 등 금융거래에서 차별을 받는 것처럼 가맹점도 가맹점수수료 책정기준에 따라 수수료적용에 차이가 나는 것이 당연하다는 인식이 정립되어 있다.

주지하는 것처럼 한국 카드산업은 양적규모뿐만 아니라 인프라, 상품 설계력 및 마케팅 기법 등에서 선진국과 비교해 손색이 없고, 오히려 더 우수하다는 평가를 받는 것이 사실이다. 따라서 이에 걸맞게, 시장경제원리에 입각한 공정하고 효율적인 환경을 도모할 필요가 있다.

할부구매제도 대신 매달 사용금액의 일부만 결제하고 잔액을 이월하는 리볼빙결제 정착으로 카드사들의 수수료 의존도가 낮은 미

국의 사례처럼 시장변화를 강제하는 것이 아니라 유도할 수 있는 정책적

지원이 중요하다.

가맹점수수료 책정기준의 개선이 필요하다

미국의 경우 가맹점수수료는 시장원리에 의해 자율적으로 결정되고 정부의 인위적 개입이 없으며 가맹점수수료 책정기준에 따라 가맹점마다 수수료적용에 차이가 나는 것이 당연하다는 인식이 일반적이다. 물론 4당사자 거래구조에서는 카드발급사와 전표매입사간의 정산수수료에 대해 반독점법Anti-Trust차원에서 국회에서 입법규제의 움직임이 있었고 최근의 Wal-Mart사건처럼 법원의 소송문제로 처리된 사례는 있었지만 정부의 개입이나 규제는 없었다. 미국의 경우 집단행동으로 수수료 인하를 요구하는 것 자체가 담합으로 규제될 가능성이 있으며 가맹점수수료는 어디까지나 가맹점과 카드사간의 사적계약사항이기 때문에 외부에 공개될 수 없고, 수수료문제에 정치권이 직접 개입하거나 규제를 한다는 것은 오히려 부작용을 낳을 우려가 있고 시장경제논리에 맞지 않다는 것이다. 그런데 중요한 것은, 이와 같이 가맹점수수료율이 결정되는 미국사회의 배경에는 카드회사의 수수료 책정방식에 대한 객관성과 일반국민들의 신뢰성이 있기 때문임을 이해할 필요가 있다.

우리나라의 경우에도 미국처럼 가맹점수수료의 책정기준을 개선할 필요가 있다. 현재의 업종별 가맹점 기준수수료율은 이미 오래전에 만들어 진 것이고 이를 뒷받침할 만한 정확한 원가계산 자료가 없는 실정이다. 카드사와 여전협회는 국세청의 업종별 소득표준율과, 공익성 및 서민생활 밀접업종 여부, 매출규모, 불량매출 발생률, 수익기여도 등을 종합적으로 고려하여 177개 업종별 가맹점 기본 수수료율을 결정한다고 하지만 업종별 수수료 수준 및 편차에 대해 가맹점을 설득할 만한 신뢰성있는 논리와 근거를 제시하지 못하고 있다. 정확한 원가계산을 토대로 객관적이고 합리적인 수수료 책정기준을 만들 필요가 있다.

원가를 어떻게 배분하느냐가 가장 어렵고 중요한 과제가 되는데 현재의 세분화된 업종별177개 분류방식 대신에 미국의 경우처럼 업종분류를 간소화하고 거래규모, 거래방식, 신용도리스크 등의 기준을 중심으로 수수료책정기준을 개선하는 방안을 생각할 수 있을 것이다. 일부에서 주장하는 수수료 심의위원회를 통한 수수료율 결정이나 획일적인 수수료율 책정방식은 비효율적이고 시장경제논리에 맞지 않는 정치적 발상이다. 카드사들이나 가맹점이나 모두 이윤극대화를 추구하는 사기업私企業이다. 가맹점수수료가 카드사에게는 수익이 되지만 가맹점측에는 비용이 되기 때문에 양측의 입장은 상충될 수밖에 없다.

따라서 정부가 가맹점수수료 분쟁에 개입하거나 인위적으로 조정하려는 것은 시장기능을 저해하며 부작용을 초래할 가능성이 크기 때문에 바람직하지 않다. 미국 소매금융 전문컨설팅회사의 얼도간Nebi Erdogan 대표가 말한 "가맹점수수료에 대한 정부규제시 소위 '보이지 않는 손invisible hand'이 더 빠르게 움직인다"라는 비유는 새겨들을 만하다. 가맹점수수료 등에 대한 개입이나 규제보다는 신용카드시장의 발전과 효율성을 제고할 수 있는 정책을 강구하는 노력이 더 필요하다.

2007.10. 여신금융협회 특강

우리나라 카드산업의 비전과 발전전략

아주 오래전에 커츠맨Kurtzman의 '화폐의 종말death of money'이란 책을 흥미롭게 읽은 적이 있다. 가까운 미래에 지폐와 동전은 박물관 신세로 전락하고 신용카드나 전자화폐 등으로 모든 거래가 이루어지는 전자결제사회가 도래到來한다는 내용이었다.

그때만 해도 설마 했는데 지금 우리나라의 경우를 보면 이미 상당부분 현실화되고 있다는 생각이 든다. 예를 들면 신용카드나 전자이체 등을 이용한 거래가 지급결제수단 전체의 80%가 넘는 가운데, 이제는 주변에서 많은 사람들이 교통요금과 같은 소액거래까지도 현금 대신에 신용카드나 휴대폰 등으로 결제하는 경우를 흔히 볼 수 있다. 뿐만 아니라 달리는 자동차 안에서 하이패스카드로 고속도로 통행료를 결제하는 광경도 자주 목격할 수 있다.

우리나라의 지급결제시스템은 짧은 역사에도 불구하고 비약적인 발전을 이룩하였다. 특히 신용카드의 경우 괄목할 만한 발전을 이룩하여 세계 12위의 경제규모를 지닌 한국이 세계 2~3위권에 속하는 신용카드대국으로 성장하였고, 이제는 미국 등 카드선진국들이 우리의 마케팅 기법을 벤치마킹할 정도가 되었다.

잘 아는 것처럼 카드산업이 그 동안 국내경제의 활성화와 투명성 제고, 조세정의 실현과 신용사회 조성에 지대한 역할을 해 온 사실은 새삼 강조할 필요가 없을 것이다. 그렇지만 이러한 긍정적 측면보다는 아직도 카드대란 초래, 신용연체자 양산, 카드남발, 과잉소비유발 등과 같은 부정적 이미지에 초점을 맞추는 경향이 있음을 부인할 수 없다. 최근 가맹점수수료 인하문제를 계기로 정치인, 시민단체, 가맹점단체들이 신용카드관련 이슈를 제기하거나 공약으로 내세우고 있는 것도 바로 이와 같은 부정적 이미지를 이용해서 정치논리나 힘의 논리로 해결하려는 것 같아 안타깝게 생각될 때가 있다.

우리나라 카드산업이 구조조정의 긴 터널에서 빠져나와 이제는 어느 정도 경영이 정상화되고 수익도 확대되고 있지만 앞으로 계속 발전하려면 넘어야 할 산이 많다. 수익구조의 취약성, 시장포화飽和와 경쟁심화, 한미 FTA와 자본시장통합법의 파고波高 등 해결하고 극복해야 할 과제가 적지 않다고 생각된다.

따라서 이러한 과제를 극복하고 급변하는 시장환경과 글로벌 무한경쟁시대에 적절히 대응하기 위해서는 우리보다 앞서가는 외국의 카드시장을 벤치마킹하여 새로운 수익원을 창출하고 비용절감방안을 모색하여 이를 통해 경쟁력과 성장잠재력을 키우지 않으면 안 될 것이다. 또한 시장경제원리에 따라 카드시장의 발전과 효율성을 도모하려는 정책당국의 의지와 노력도 물론 필요하다.

아울러 대학 강단에서 신용카드학을 강의하고 있는 입장에서 강조하고 싶은 것은 이제는 신용카드 대국이란 이름에 걸맞게 신용카드분야의 학문적 연구노력과 활동을 지원하고 인재를 개발하는 데에도 관심을 기울일 때가 되었다는 것이다. 산학연産學硏이 공동으로 비즈니스 실무와 학문적 이론을 접목시켜 카드산업의 비전과 발전전략을 모색하는 길도 생각할 수 있다. 이와 같은 노력과 관심은 궁극적으로 우리나라

카드산업의 발전을 질적으로 한 단계 더 향상시키고 동시에 카드회사에 대한 사회적 이미지를 크게 개선하는 일석삼조一石三鳥의 효과도 있을 것으로 기대된다.

어느덧 또 한해가 저물어 가고 새해가 다가오고 있다. 올 연말은 대선이 있는데다 BBK, 비자금폭로 등 각종 사건으로 온통 나라가 시끄러운 가운데 밖으로는 서브프라임 모기지 사태, 국제금융시장 경색, 유가상승, 경기침체 조짐 등 글로벌 변수가 심상찮은 동향을 보이고 있어 우리들의 마음을 어둡게 하고 있다.

바라건대 훌륭한 지도자가 선출되어 경제도 활성화되고 우리들의 마음을 밝고 신명나게 해주기를 기대하면서, 우리 마음을 설레게 하는 함박눈이라도 내려 착하고 너그러운 기운이 가득한 세상이 되었으면 좋겠다.

2007.12. 신용카드 칼럼

신용카드시장의 구조변화와 효율성 제고를 위한 정책방향

주요 선진국의 경우 신용카드시장의 진입제한이 자유롭고 소비자보호와 관련한 최소한의 규제를 제외하고는 영업활동에 대한 정부의 규제가 거의 없어 자유로운 시장경쟁구조를 지니고 있다. 미국의 경우 카드발급사만 해도 전문 카드사, 은행, 신용조합, 카드발급대행회사 등 약 6,800개에 달하고 있으며 카드시장이 분업화되고 전문화되어 매우 효율적이고 비용절약적인 시장구조를 유지하고 있다.

그러나 국내 카드시장의 경우 신용카드사 영업에 대한 허가제 운영 등 진입규제와 함께 카드사의 현금서비스 등 대출업무의 제한과 같은 직접적인 규제정책을 취하고 있어 시장규율 중심의 선진국시장과 대조를 이루고 있다. 또한 가맹점시장이 폐쇄적으로 운영되고 있고 카드사별로 카드관련 업무의 대부분을 중복 취급함에 따라 고비용, 저효율적인 구조적 문제를 안고 있다. 더구나 카드이용행태도 미국과 달리 일시불결제방식으로 되어 있어 카드사들의 수입구조가 가맹점수수료 위주로 되어 있기 때문에 가맹점수수료 분쟁이 불가피한 측면이 있다.

신용카드시장은 특성상 자연진입장벽이 생성되어 신규기업의 진입이 어려울 수 있기 때문에 기존 참가자들이 시장 독점력을 형성하여 네트워크의 진입장벽을 강화할 경우 시장의 효율성을 저하시킬 가능성이 있다. 거기다가 여신전문금융업법상 허가제로 되어 있어 신규 기업의 진입이 어려울 수밖에 없는 실정이다. 물론 허가제가 그 동안 나름대로 이유가 있었고 또한 상응하는 효과도 있었겠지만, 이제는 국내 카드시장이 충분히 성숙되어 진입장벽이 오히려 시장의 효율성을 낮추고 Processing 등 관련 산업의 발전을 저해하는 요인이 되고 있다.

따라서 국내 카드시장의 진입규제와 영업활동 규제를 완화하여 개방적인 자유시장경쟁 환경을 조성하고 카드시장의 분업화와 아웃소싱을 적극 유도하는 정책이 필요하다. 이렇게 되면 시장경쟁원리에 의해 경쟁력 강화 및 시장구조의 저비용, 고효율화가 촉진되고 가맹점 수수료의 적정화에도 기여할 수 있을 것이다. 국내시장의 성숙도 및 현실을 고려할 때 아직은 이르다는 주장도 있지만 현재의 과점적 구조와 정부의 규제정책은 오히려 긍정적 효과보다 부정적 효과고비용·저효율가 더 클 것으로 생각되며, 자본통합법 시행 및 FTA체결 등에 따른 시장개방과 글로벌 무한경쟁에 미리 대비할 필요가 있다.

첫째, 여신전문금융업법과 여신전문금융업인허가지침 등에서 신용카드업에 대한 허가제와 엄격한 인허가심사기준을 적용하여 신규카드사의 시장진입 요건을 강화하고 있는데 이를 완화하는 여전법 개정이 바람직하다. 미국, 영국, 일본 등 주요국처럼 카드시장에 대한 신규 진입을 보다 자유롭게 하고 매입업무에만 특화하는 전문매입사의 진입이 가능하도록 하여 개방적인 시장경쟁 환경을 유도하는 것이 바람직하다.

현재의 폐쇄적 가맹점체제는 신규 카드사의 독자적 가맹점망 구축에 막대한 비용을 들게 함으로써 실질적인 진입장벽으로 작용하는 역할을 할 뿐 아니라 소비자 편익 및 가맹점 후생을 제한하는 요인이 된다. 또한 현행 카드사별 매출전표 분산매입방식은 규모의 경제차원에서 비효율적인데다가, 가맹점의 효율적 관리를 제약하고 수수료 및 서비스경쟁을 제한하는 요인이 된다. 따라서 전문매입사의 도입을 통한 분업화와 전문화는 국내카드사가 안고 있는 고비용 구조와 저효율성 문제를 개선하고 아울러 가맹점의 매입은행 선택권이 허용되어 시장경쟁원리 및 수수료 협상력 제고로 가맹점수수료 인하효과도 기대할 수 있을 것이다.

그 동안 4당사자 체제의 도입에 대해서는 가맹점수수료 인하논쟁과 맞물려서 부정적 입장과 긍정적 입장의 상반된 주장이 제시되고 있으나, 이는 양자택일All or Nothing의 문제로 접근하기 보다는 미국 등 선진국과 마찬가지로 양 체제가 모두 허용되고 병존되는 방향으로 관련 법규 및 제도를 개편하여 카드시장에서 자율적으로 시장원리에 의해 결정되도록 유도하는 것이 바람직하다고 판단된다.

4당사자체제가 3당사자체제보다 우월하다는 명백한 이론이 정립된 것은 아니지만 실증적으로 신용카드시장의 발전과정이 3당사자 구조에서 4당사자구조로 진화되었고 또한 4당사자체제의 선진국카드시장이 보다 효율적, 경쟁적 시장구조라는 평가를 받는 것은 사실이다. 일본이 2001년에 전문매입사 체제를 도입하고, 호주가 2002년에 카드지급결제시스템의 개혁을 통해 가격체계의 투명성확보와 가맹점선택권을 허용한 것은 카드시장의 효율성, 경쟁성, 투명성을 제고하기 위한 노력으로 시사하는 바가 크다고 볼 수 있다.

4당자사체제와 관련하여 최근 정산수수료에 대한 논란과 규제가 관심의 대상이 되고 있는데 이는 거의 완전경쟁 상황이었던 1980년대와 달리 2000년대 들어 소수 대형은행에 의한 카드발행시장의 집중화가 진전됨에 따라 카드회사가 우월적 지위를 이용하여 정산수수료^{가맹점수수료}를 과도한 수준으로 책정할 가능성이 커진데다가 정산수수료를 카드발행은행의 초과이윤 수취수단으로 이용하는 경향이 있기 때문에 비롯된 것으로 개방형 시스템뿐만 아니라 폐쇄형 시스템의 경우에도 공히 해당되는 문제이지 4당자자체제에 국한된 것이 아님을 이해할 필요가 있다

둘째, 신규진입의 완화와 함께 분업화와 전문화를 촉진할 필요가 있는데 국내 카드시장은 카드사의 업무위·수탁에 대하여 엄격한 규제를 하고 있다. 금융기관의 업무위탁 등에 관한 규정^{2~4조}을 보면, 회원자격심사 및 발급승인, 이용한도부여 및 변경, 신용카드 이용관련 대금결제, 거래승인과 같은 본질적 요소에 해당하는 업무는 업무위수탁이 불가하도록 규정하고, 자체 업무위수탁 운영기준을 수립하여 준수하도록 의무화하고 있다. 이에 따라 카드사 및 겸영카드업자인 은행을 제외하고

는 신용카드업의 본질적인 업무에 대한 업무위수탁^{아웃소싱}은 원천적으로
할 수 없어, 미국의 경우처럼 신용카드 거래 및 결제과정에 다양한 처리
대행기관^{Third Party Processors}이 개입하여 분업화와 전문화가 이루어지기 어
렵도록 되어 있다. 이에 따라 VAN업체의 업무확대에도 한계가 있고 카
드사이외의 사업자가 매입업무에 전문화하기 어려운 현실이다. 따라서
카드시장의 아웃소싱^{업무위수탁} 관련규제를 완화할 필요가 있다.

셋째, 신용카드업자의 감독기관은 금융감독원으로 되어 있
으나 가맹점 관련 프로세싱을 수행하는 VAN 사업자의 감독기관은 정보
통신부^{현 지식경제부}로 되어있다. 따라서 VAN 사업자의 감독기관을 금융감
독원으로 바꾸어 관리감독체계의 일원화가 되도록 관련 법규를 개선할
필요가 있다. 앞으로 자본시장통합법 시행으로 금융거래에 있어서 다양
한 프로세싱 업체들이 등장하게 되는데 이에 대한 효율적 관리는 단일 금
융감독기관의 일괄관리체제로 해야 업무의 효율성을 기할 수 있을 것이다.

2009.3. 지급결제학회지 기고논문, 국회카드공청회 발표자료

카드시장의 환경변화와 VAN업계의 발전방안

90년대 후반 이후 우리나라 신용카드시장은 급격한 환경변화를 겪고 있으며 이와 같은 환경변화는 앞으로 몇 년간 더욱 가속화될 것으로 예상된다. 외환위기 이후 우리나라 카드시장은 2001년까지 급속히 팽창하다가 2002년부터 급격히 위축하면서 카드산업 전체의 위기와 구조조정상황을 겪었으며 2005년 하반기 이후 다시 회복, 성장세를 보이는 과정에 있다.

이러한 과정에서 국민카드, 외환카드, 우리카드 등이 모은행으로 합병되고 전업계 카드사로써 시장점유율 1위인 LG카드는 신한금융지주로 인수되면서 카드시장의 주도권이 전업계 중심에서 은행계 카드시장 중심으로 시장구도가 재편되는 양상을 보이면서 향후 어떠한 영향과 변화를 가져 올지 관심이 집중되고 있다.

　　　뿐만 아니라 카드시장의 글로벌화와 경쟁이 심화되고 해외 카드사와 외국계금융기관 및 해외 프로세서의 국내 카드시장 진출이 가속화되는 가운데, 최근 국내 VAN업체인 KMPS가 미국의 FDC로, KS-NET이 홍콩계 H&Q로 인수되었고, 스타밴의 외국계^{네델란드 유니콤} 인수 움직임이 거론되기도 하였다.

　　　아울러 이동통신회사 및 일부 대기업의 카드시장 진입 가능성이 배제될 수 없는 여건인 데다가, 수년내 M/S카드의 IC카드 전환이 완료될 경우 국내 카드시장에서의 카드승인과 매입을 둘러싼 카드사와 VAN사간의 역할 조정 및 수익성 제고 문제가 대두될 수 있으며 이에 따라 VAN시장의 변화와 빅뱅 가능성이 예상될 수 있는 환경이다.

　　　더구나 FTA체결 및 자본시장통합법^{2008년}의 시행 등에 따른 미국 카드사의 국내진출 확대 및 새로운 복합금융상품의 개방 등이 국내 카드시장및 ^{VAN}시장에 적지 않은 파급효과를 미칠 것으로 전망되는 가운데, 정책당국의 정책기조도 과거의 직접적 활성화 정책에서 간접적 유인 정책^{inducive policy}으로 전환 유지될 것으로 전망된다.

따라서 이러한 카드시장환경은 향후 카드사와 VAN업계의 경영성과나 발전전략에 지대한 영향을 미칠 것으로 예상되고 있다. 이를테면 일부 카드사의 경우 이미 회원시장을 타겟마케팅target marketing의 대상으로 강화하는 움직임을 보이는 등 향후 신용카드시장이 미국처럼 발급시장과 매입시장으로 분화하면서 발전될 가능성도 있을 것으로 전망된다.

이와 같은 환경변화를 예상할 때 우리나라 신용카드산업에서의 VAN 사업자의 역할 및 중장기 발전방안에 대해 몇 가지를 제언한다.

첫째, 카드사와 VAN사의 전략적 제휴를 통해 카드사는 핵심업무의 집중화와 수익구조의 개선을 추진하는 한편 VAN사는 기존의 프로세싱업무에 전문화하면서 카드사 비핵심업무의 아웃소싱수행 및 매입시장 진출을 추진하고 신규 수익사업을 발굴하는 등 역할 분담을 통해 분업화와 전문화를 적절히 꾀함으로써 우리나라 신용카드산업이 안고 있는 고비용, 저효율구조를 개선하고 경쟁력을 강화하여 우리나라 카드산업의 발전에 기여할 수 있다

둘째, 가맹점수수료 인하추세와 현금서비스 비중감소 등 비우호적인 시장환경으로 인하여 수익성 저하가 불가피한 상황이고 카드

시장 포화로 인한 신규시장 확대 곤란 및 카드사간 경쟁심화 등으로 현재와 같은 비용구조를 감내하기 어려울 것으로 전망되기 때문에 카드사들은 자체적인 원가 경쟁력 확보를 위해 향후 핵심 고유업무를 제외한 비본원적인 업무에 대해서는 Outsourcing이 불가피할 것으로 예상된다. 예를 들면 카드발행 및 회원관리업무, 마케팅업무 및 금융업무와 같은 핵심업무를 제외한 나머지 비본원적업무에 해당하는 매입업무 및 가맹점관리업무, 프로세싱업무, 연체채권관리업무, 신용정보관리업무, 콜센터 및 텔레마케팅업무 등은 미국의 경우처럼 아웃소싱이 필요할 것이다.

셋째, 매입시장을 분리하여 4당사자 거래구조로 분업화하거나 또는 미국식 분업형태구조는 아니라 하더라도 발급사의 매입업무를 제3의 기관에 업무별로 아웃소싱하는 체제로 전환하는 방안을 모색할 필요가 있다. 물론 매입업무의 분리에 대해 카드사입장에서는 당연히 반론이 제기될 수 있겠지만 카드사가 안고 있는 고비용구조와 저효율성 문제, 카드시장의 포화상태에 따른 향후 수익성 악화 우려와 경쟁력 가중문제, 카드시장의 진입장벽이 완화될 경우 발생될 문제, 전산시스템의 지속적인 Upgrade에 따른 과중한 투자비용부담 문제 등의 제반요인을 종합적으로 고려할 때 카드사와 전략적 제휴를 통해 기존 인프라를 바탕으로 매입 관련업무의 Out-Sourcing을 수행하고 FDC처럼 새로운 사업과 신규 수익구조를 창출함으로써 신용카드산업의 고비용, 저효율구조를 개선하고 경쟁력을 강화하여 카드산업의 선진화에 기여할 수 있을 것으로 판단된다.

넷째, 매입시장에의 진출방안에는 여러 가지를 생각할 수 있겠으나 제휴형 전문매입사, 비씨BC카드형 전문매입사, 혼합형 전문매입사 모델이 현실적으로 가능한 모델이다. 제휴형 전문매입사와 VAN사가 공동으로 참여하는 혼합형 전문매입사가 가장 현실성이 있으나 기존 VAN사와 또는 VAN사간의 협조와 공조가 요구된다.

2008.9. 신용카드밴협회 특강

체크카드 가맹점수수료율 인하 영향과 대응방안

여신전문금융업법에 의하면 가맹점수수료율은 카드사와 가맹점간에 자율적으로 결정하도록 되어 있으나 수수료체계의 합리성 결여 및 수수료부과의 차별적 적용문제를 놓고 그 동안 카드사와 가맹점간의 갈등과 분쟁이 지속되어 왔다. 특히 체크카드의 경우 신용카드와 달리 자금조달비용과 대손비용 등이 없는데도 신용카드와 유사한 수준의 수수료율을 부과하고 있다는 비판 여론 속에 체크카드의 수수료율 인하문제가 뜨거운 쟁점으로 부각되기도 했다.

이러한 가운데 정부의 개입으로 카드업계는 2007년 이후 4차례에 걸쳐 가맹점수수료를 인하했고 체크카드 수수료율도 신용카드보다 낮은 수준으로 조정1.5~4.5% → 1.5~2.5%했으나, 비용구조 측면 등에서 체크카드 수수료율의 추가적 인하 필요성이 계속 제기되어 오던 중 마침내 이번2011년 3월부터 체크카드 가맹점 수수료율이 현재보다 0.6~1.0%포인트 더 인하된다.

현재는 일반가맹점이나 중소가맹점 모두 2.0~2.1%수준의 체크카드수수료를 받고 있는데 앞으로는 이를 이원화하여 일반가맹점은 '1.5% 이하'를, 중소가맹점은 '1% 이하'의 우대 수수료율을 부과하는 것이다. 그러나 전업계 카드사의 경우에는 일반가맹점에 대해 부과하는 현재 2~2.5%의 체크카드수수료율을 '1.7% 이하'로 인하하는데 이것은 겸영 카드사에 비해 0.2%포인트 정도 더 높은 수준이다. 전업계 카드사는 회원의 결제금액을 출금할 때마다 은행에 출금수수료 명목으로 출금액의 0.2~0.5%를 부담해야하는 애로점을 감안했기 때문이다.

이와 같은 체크카드 수수료율 인하로 그 동안 주요국에 비해 상당히 높았던 수수료 격차가 많이 줄어들고 국내 신용카드 수수료율과의 체계도 많이 개선된다.

여태까지, 우리나라의 체크카드 수수료는 평균 1.87%로서[3] 유럽, 캐나다, 미국 등 주요국들에 비해 꽤 높은 편이었다. 미국의 서명식 직불카드Signature based Debit가 1.75%, 스페인이 1.5%인 것을 제외하면 대부분 0.3~0.8% 수준이다. 우리나라의 체크카드와 미국의 서명식 직불카드 수수료율이 높은 것은 구조적 요인에서 비롯된다. PIN직불카드^{PIN Debit} 는 은행공동망을 통해 가맹점 정산이 즉시 실행되고, 별도의 편익과 보상이 없기 때문에 체크카드^{및 신용카드}보다 비용이 저렴하다. 이러한 이유로 주요국들과 미국의 직불카드^{PIN Debit} 수수료율은 신용카드 가맹점수수료율보다 상당히 낮은 수준^{1/3~1/5수준}이다.

이에 비해 우리나라의 체크카드 수수료율은 신용카드 가맹점수수료율^{2.22%}과 대동소이한 수준^{4/5수준}이다. 체크카드가 자금조달비용과 대손비용이 없는 점을 고려할 경우 대강 계산해도 신용카드 수수료율보다 0.75%정도는 낮은 1.0~1.5%수준이 되어야 타당할 것으로 보인다. 체크카드의 수수료는 직불카드 수수료^{1.5%수준}에 비해서도 높은 편이다. 체크카드는 직불카드와 달리 회원에 대한 부가서비스 비용이 들기는 하지만 그렇다 치더라도 기본적으로 신용카드 가맹점을 이용함에 따라 가맹점관리비용이 들지 않으므로 직불카드와의 격차도 수긍하기 어려운 면이 있다.

카드별 수수료 원가구조에 관한 정확한 자료가 없는 상황에서 신용카드나 체크카드 수수료의 적정수준이 몇 %라고 단정할 수는 없지만 어떻든 이번의 수수료 인하조치로 국내카드간 수수료체계가 합리적으로 개선되고 주요국과의 괴리도 많이 해소된 것으로 평가할 수 있을 것이다.

한편 이번 수수료율 인하로 가맹점들은 연간 2000억원가량의 가맹점수수료 절감혜택을 볼 것이라는 추정이다. 정부가 계획대로 오는 5월 및 내년 1월 두 차례에 걸쳐 중소가맹점 범위를 연매출 9600만원 미만에서 → 1억2000만원 미만으로 → 1억5000만원 미만으로 확대할 경우 가맹점수수료 절감효과는 더욱 커질 것으로 예상된다.

이와 같은 가맹점 측의 수수료 절감효과는 카드사 입장에서 보면 수익감소를 의미한다. 작년에 2조원 이상의 순익을 낸 카드업계로서는 그 영향이 미미할 수도 있으나 수익성의 저하요인이 될 것은 분명하다. 현재 체크카드의 가맹점 수수료가 평균 1.87%이고 체크카드 비용이 대략 1.0~1.3% 수준이라고 볼 경우 마진율은 0.9~0.6% 정도가 되는데 수수료율 0.6~1.0%포인트 인하는 체크카드의 운영수익에 적지 않은 영향을 미칠 것이다. 그렇지만, 현재 체크카드의 이용규모가 카드사들의 가맹점 수입에서 차지하는 비중이 불과 10.4%밖에 안 된다는 사실[4]을 고려하면 체크카드 수수료 인하가 카드사의 수익성에 미치는 효과는 매우 제한적일 것으로 분석된다. 또는 체크카드의 수수료 인하가 가맹점들로 하여금 체크카드 결제를 선호하는 유인으로 작용하여 체크카드 사용확산이 촉진되는 계기가 된다면 카드업계로서는 오히려 박리다매^{薄利多賣}의 수익을 거두는 결과가 될 수도 있을 것이다.

만일 체크카드의 가맹점수수료 인하로 체크카드의 운용수익이 보장되지 않는다고 가정할 경우, 카드사로서는 줄어든 수익을 보전하기 위해 회원서비스를 줄일 가능성이 있고 이것은 체크카드의 이용 감소 및 가맹점측의 상대적 수익감소로 이어지는 부정적 효과를 예상할 수 있다. 이와 관련해서는 미국과 호주의 사례를 살펴보자.

미국의 경우 금융개혁법 제정으로 직불카드 수수료가 영향 받아 직불카드의 수익성이 떨어질 것으로 예상되자, 카드사들은 부족한 수수료 수익을 보전하기 위해 연회비 인상, 계좌잔고초과 거래수수료 overdraft fee 부과, ATM 현금인출수수료 인상 등 다양한 명목의 수수료를 부과하기 시작하였다. 이에 대해 금융당국은 재차 규제의 움직임을 보이고 있다. 호주의 경우에도 2003년에 정산수수료 상한제 도입, 차별적 추가수수료 금지원칙 No-Surcharge Rule 폐지, 카드일괄수용원칙 Honor All Card Rule 폐지 등 규제를 시행하였다. 이에 따라 카드사들은 연회비 인상 및 부가서비스 축소 등을 통해 수수료 부족분을 회원에게 전가시켜 고객들이 반발하는 사례를 야기하고 이는 다시 당국의 규제를 불러 온 바 있다.

따라서 우리나라 카드시장의 환경과 여건을 고려할 때 미국과 호주의 사례를 타산지석으로 삼을 필요가 있다. 주요국들이 카드제도 관련 규제와 감독을 강화하는 추세에 있고 국내에서도 이러한 추세에 따라 가맹점수수료율을 감독하고 소액결제거절 허용 및 No-Surcharge Rule 폐지 등을 골자로 하는 여신전문금융업법의 개정 움직임이 있는 만큼 카드사들은 이러한 추세에 맞추어 현실을 인식하고 대응책을 강구하는 방향으로 나가는 것이 바람직할 것으로 보인다.

이제, 카드사들의 향후 대응방안에 대해 살펴보자.

최근 들어 은행계 겸업카드사의 전업카드사 전환, 카드사·이통사간의 합종연횡 등으로 카드시장의 경쟁이 보다 치열해질 것으로 예상되는 상황에서 신용카드시장은 이미 포화상태에 달한 만큼 앞으로 체크카드시장을 새로운 블루오션으로 보아야 할 것이다.

첫째, 체크카드시장의 확대와 이용활성화를 도모할 필요가 있다. 우리나라의 체크카드시장은 주요국과 비교하면 아직 성장초기단계에 있다.

우리나라의 체크카드결제가 카드시장에서 차지하는 비중은 10.4%[2009년][5]로, 미국[40.7%]이나 유럽[60.4%], 국제평균[41.6%]에 비해 크게 떨어지는 수준이다. 참고로 1인당 직불카드거래 규모[건수기준]를 보면 덴마크 1위, 스웨덴2위에 이어 캐나다, 미국, 네덜란드, 영국, 호주의 순위로 나타난다.

최근 우리나라도 체크카드시장이 급성장하여 작년에는 일평균 388만 건 거래에, 1,419억원의 이용실적을 보였는데 이는 체크카드가 지닌 여러 가지 장점, 즉 신용카드가맹점에서 24시간 이용가능하고 다양한 부가서비스가 제공되며 소득공제율이 높다는 점, 그리고 계획적이고 합리적인 소비에 적합하다는 점들이 크게 작용한 것으로 분석된다.

따라서 앞으로 우리나라의 체크카드시장이 확대되고 이용이 활성화될 가능성은 매우 크다고 판단된다. 신용카드시장은 이미 포화상태에 달했기 때문에 체크카드시장을 새로운 수익원으로 보고, 시장 확대와 이용활성화를 위한 서비스 강화와 마케팅 전략을 적극 강구할 필요가 있다. 카드시장은 규모의 경제효과가 크기 때문에 시장규모가 확대될수록 거래비용과 수수료가 하락하고 수익성은 제고되기 마련이다. 직불카드 거래규모가 큰 덴마크, 네덜란드 등의 경우 가맹점수수료율이 매우 낮다는 사실이 이를 실증해준다.

아울러 체크카드가 합리적 소비에 도움이 된다는 인식을 적극 홍보할 필요가 있다. 한국은행의 2010년 지급결제선호도 조사결과를 보면 2009년 이후 둔화 및 정체모습을 보이는 신용카드에 비해 체크카드는 계속 상승추세를 보이고 있는데 특히 20~30대 젊은층의 체크카드 선호도, 이용빈도, 보유비율 등이 유독 높은 것으로 드러난다. 이는 젊은층들이 신용카드 발급상의 애로가 있어 체크카드를 선호하는 경향도 있겠지만, 무엇보다도 경제적, 합리적 소비를 바라는 젊은층의 행태를 여실히 반영하는 것으로 보인다.

둘째, 하이브리드형 체크카드를 개발하고 고객별 세그먼트를 통해 맞춤형 부가서비스를 제공해야 한다. 예를 들면 신용카드와 체크카드의 기능을 결합하거나 선불카드와 체크카드의 기능을 결합한 하이브리드 카드상품을 개발할 수 있다. 또는 결제계좌잔액 부족시 일정한도 자동대출이나 신용공여기능을 부가하거나 일부 카드사에서 선보인 전세론, 웨딩론 방식을 체크카드에도 적용한다면 상품경쟁력이 크게 강화될 것이다. 또는 고객수요에 맞춰 여행, 보험, 증권 등과 결합한 체크카드상품을 개발하는 방법도 가능할 수 있다. 아울러 지급결제매체 및 고객관리 마케팅수단으로 부상한 모바일을 전자지갑으로 활용해 고객이 필요시 유리한 결제수단을 선택할 수 있는 결제서비스를 제공하는 방안도 검토할 수 있다.

셋째, 체크카드의 수익관리방식을 가맹점수수료 위주의 단순방식에서 벗어나 종합적 수익관리방식으로 전환할 필요가 있다. 체크카드^{직불카드}는 특성상 잔고 파생수익, 하이브리드형 상품수익, 신용카드 잠재고객유치를 통한 미래수익확보 등 다양한 수익실현을 기대할 수 있기 때문이다. 아울러 외국처럼 가맹점수수료 방식을 정액제^{fixed fee}와 정률제^{proportional fee} 체계로 이원화하여 소액결제는 체크카드 이용을 유도하거나 후불제 교통카드대신 체크카드 이용을 유도하는 방안을 통해 수익성제고가 가능할 것이다.

넷째, 카드거래의 프로세싱비용을 줄이기 위한 다각적 노력이 필요하다. 모바일기반 직접승인거래^{역결제방식}를 통한 매입프로세스 개선방안이나 저비용구조의 직불카드 활성화방안을 검토할 필요가 있다. 직불카드는 수수료배분체계, 가맹점·네트워크 운영망 등이 개선될 경우 성장가능성이 있으며 주요국에서처럼 사회적 지급결제비용을 줄이는 데 기여할 수 있다.

끝으로, 조세특례제한법에 의해 금년말로 끝나는 신용카드 소득공제제도를 연장할 필요가 있다. 특히 체크카드시장은 신용카드와 달리 아직 성장초기단계인 점을 감안하여 현재의 차별화된 소득공제율을 일정기간 계속 존속시켜야 한다. 최근 체크카드 사용이 급증한 것은 신용카드보다 높아진 소득공제율[6] 때문이라는 분석이 있는 BC카드사의 서베이 결과에서도 체크카드의 소득공제율 상향 이후 체크카드사용을 늘리겠다는 사람이 78.3%로, 신용카드사용을 줄이겠다는 사람이 57.5%로 조사된 바 있다.

End Notes

1 카드 VAN시장은 신용카드사와의 업무위임계약 관계에 있는 VAN업체, VAN사로부터 가맹점영업 및 관리업무 등을 위임받은 VAN대리점, 신용카드사와 가맹점 등으로 구성된다. VAN업체는 여신전문금융업법상 신용카드사업자가 갖고 있는 가맹점모집, 거래승인, 매입업무 및 가맹점관리업무 등의 업무를 대행해 주고 수수료를 받는 데 2009년 말 현재 한국정보통신(KICC), 나이스(NICE) 등 13개 업체가 있다.

2 2010년에는 390조원에 달한다. 민간소비지출에서 차지하는 카드사용액 비율도 56.1%로 미국(21%), 일본(12%)보다 월등히 높다.

3 체크카드 평균 가맹점수수료율(%) : 1.94('08년) → 1.93('09년) → 1.87('10년)

4 2009년말 현재 체크카드 이용금액은 37조원으로 신용카드 구매금액의 10.4%수준이다. 한국의 체크카드 이용비중은 미국(40.7%), 유럽(60.4%), 국제평균(41.6%)에 비해 현저히 낮은 편이다.

5 한국은행의 2010년 지급결제동향에 따르면 지급카드 중 체크카드의 이용비중은 건수 기준 9.4%, 금액기준 19%에 달한다.

6 체크(직불, 선불)카드의 소득공제율은 총급여액의 25% 초과금액의 25%인데 비해 신용카드(현금영수증)는 총급여액의 25% 초과금액의 20%이다.

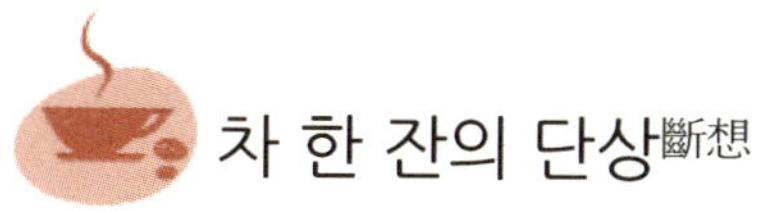

차 한 잔의 단상斷想

우리경제 언제쯤 꽃피는 봄이 올까?

아침 출근길, 은행 후정에 벚꽃이 가득하다. 몇 그루 안 되지만 활짝 만개滿開되어 화사한 모습으로 환한 미소를 띄우고 반가이 맞아준다. 가까이 다가서니 벚꽃 향내가 봄바람을 타고 코끝에 싱그럽다. 바로 엊그제만 해도 수줍은 듯 꽃망울을 머금고 있었는데….

지난 겨울은 몹시 춥고 폭설도 잦았다. 매서운 동해의 바닷바람 때문인지 겨울이 유난히 길게 느껴졌고 태양마저 왠지 차갑게 식어버린 듯 보였는데, 그 엄동설한 속에서도 저들은 부단히 봄을 맞을 채비를 하고 있었던 모양이다.

사무실로 올라가 주요 경제지표를 챙겨보고 경제신문들을 들춰본다. 1월중 경상수지흑자 전월비 5.6억달러 축소, 생산자물가지수 9개월 연속 상승세로 물가불안 우려, 원달러 환율 1300원대로 우리 경제에 부담가중, 급격히 둔화되고 있는 국내 경기, 불황국면에서 벗어나지 못하는 건설업과 중소유통업, 주식시장과 부동산시장 침체로 갈곳을 잃은 200조원 규모의 시중 부동자금, 일본경제의 위기설과 미국경제의 둔화조짐 등 반갑지 않은 뉴스들이 지면에 가득하다.

우리 경제는 언제쯤 꽃피는 봄을 맞이할까? 아직도 혹독한 겨울한파속에 머물러 있는 것 같다. 97년말 불어닥친 외환위기로 시작된 구조조정이라는 고통스런 가지치기를 아직껏 끝내지 못해 만물이 소생하고 꽃 피우는 경제의 봄이 오지 않은것 같다. 일년에 사계절이 있듯이, 경제에도 침체기, 회복기, 호황기, 둔화기의 경기순환이 있다. 다만 어김없이 반복되는 대자연의 섭리와는 달리 경제의 경우 경제주체들의 행태와 정책결정에 따라 경기순환의 주기가 조절될 수 있다. 그래서 저렇듯 일본경제는 장기침체속에 위기설까지 나오는 반면 미국경제는 지난 10년간 호황을 구가하지 않았는가?

우리 경제가 IMF사태를 맞게 된 원인으로 금융부실, 기업들의 과도한 차입경영과 방만한 경영관리, 정경유착, 정부와 공공기관의 비효율성 등이 지적되었다. 그러나 보다 근본적인 원인은 올바른 프로세스의 부재와 시스템의 비효율성이 사회 각 부문에 내재되어 있기 때문이라고 생각된다. 우리가 현재 어렵사리 진행중인 구조조정은 어찌 보면 외형적이고 양적인, 말하자면 하드웨어적 구조조정이다.

이제부터 우리에게 정녕 요구되는 것은 소프트웨어적 구조조정이다. 기본원칙과 룰^{rule}이 존중되는 사회, 시장원리에 따라 움직이는 기업경영풍토, 근검절약, 책임과 의무, 청부주의淸富主義 등이 자본주의 경제발전의 원동력이다. 그럼에도 우리는 자율보다는 과도한 규제와 보호를, 효율성보다는 외형을, 다양성보다는 획일성을, 능력보다는 연緣을 중시하는 풍토가 우리의 시스템을 지배해 왔음을 부인할 수 없다.

21세기는 정보화 사회, 지식기반사회라고 한다. 무한경쟁의 세계 경제 속에서 우리가 생존하기 위해서는 모든 경제주체들이 패러다임의 겨울에서 벗어나 자율과 책임, 경쟁, 투명성, 합리성 등으로 대변되는 의식의 선진화, 즉 소프트웨어적 구조조정을 해야 할 때이다. 그렇다면 우리경제도 조만간 봄을 맞아 화사한 벚꽃처럼 만개하지 않을까!

2001.1. 경북일보 아침시론

미래를 향한 클릭^{click}

"클릭^{click}. 딸깍하고 마우스를 누르는 소리. 그 소리는 사람들을 깨우고 뒤흔드는 소리이다. 빛이 비치고 아이콘이 움직이고 생생한 동화상이 뜨면서 갑자기 멋진 새로운 미래가 열릴 것 같은 짜릿함을 느끼게 한다. 어떤 사람들은 자신의 클릭경험을 천둥번개나 밀려오는 파도에 비유한다. 진정한 클릭은 당신의 세계, 당신의 인생을 바꾸어 놓을 수 있는 막강한 힘을 가지고 밀려드는 파도와 같다.”

페이스 팝콘Faith Popcorn의 ‘클릭! 미래속으로’라는 책에 나오는 글이다.

이제 바야흐로 21세기가 열리는 2001년이 시작되었다. 우리는 왠지 일이 제대로 잘 풀리지 않았거나 기대에 못 미친 한해를 보낸 것을 아쉬워하면서, 새해에는 뭔가 새로운 미래가 펼쳐 질 것만 같은 새로운 기대를 걸어본다. 그래서 우리는 해마다 새해가 되면 “새해 복 많이 받으세요!”하고 새해인사를 나누게 된다.

21세기는 디지털시대, 정보화시대, 뉴패러다임의 시대, 사이버시대, 전자화폐시대 등 따라붙는 수식어가 정말로 많다. 이는 그 만큼 급변하는 세계가 될 것임을 예고하는 게 아닐까 하는 생각이 든다. 우리의 일상생활에도 엄청난 변화를 가져와 마치 공상과학소설에서나 나옴직한 새로운 라이프스타일을 맞게 될 것이라고 예측들을 한다. 누군가의 말처럼 사람들의 약속시간 단위도 농업사회가 ±1시간단위, 산업사회가

±10분단위 였다면, 정보화사회에서는 ±1분단위로 정확해지지 않고서는 살아남을 수 없으리라 생각된다.

이제 신사년辛巳年 새해를 맞아 우리의 미래를 향해 클릭 CLICK을 제안한다. 그것은 용기勇氣, Courage, 결행決行, Letting go, 통찰력洞察力, Insight, 전심전력全心全力, Commitment, 지식知識, Know-how을 의미하는 5개 영어 단어의 머리글자를 함축하고 있다.

변화하는 세계를 받아들이고 그 안에서 우리의 자리를 찾을 수 있는 용기, 불확실성에 대한 두려움과 불안감을 과감히 떨쳐 버리고 추진하는 행동, 똑같은 환경과 여건속에서도 무언가 남다른 독창성있는 것을 볼 줄 아는 통찰력, 최선을 다하는 내면의 의지와 능력, 평범해서는 생존할 수 없는 무한경쟁의 세계에서 경쟁력을 갖게 하는 노하우를 의미하는 것이다.

클릭, 더블 클릭, 끊임없이 클릭을 하다 보면 인생이 바뀌고 어느 순간 성공이 내손안에 들어오는 것을 확신하게 될 것이다.

2001.1. e-payzine신년사

제4장

손가락 하나로 모든 것을
—모바일뱅킹

- 모바일뱅킹과 금융권의 대응
- 모바일뱅킹의 특성과 장점
- 모바일뱅킹의 최근 동향
- 모바일뱅킹의 전망
- 모바일뱅킹의 활성화 방안
- 최근 스마트폰의 발전동향과 전망
- 방송통신융합과 T-커머스
- 방통금의 융합과 다기능통합카드의 출현

* 차 한 잔의 단상斷想—목련 예찬

모바일뱅킹과 금융권의 대응

요즘 금융계의 화두는 단연 모바일 금융서비스이다.

지난2002년 9월부터 실시된 BANK ON 모바일 뱅킹서비스는 지금까지 기대 이상의 평가를 받고 있다. 여기에는 우리나라 최대 은행의 하나인 국민은행이 제공하는 서비스라는 이미지도 작용하였다고 생각되지만 그 이외에도 고객의 니즈를 정확히 인식하고 첨단기술을 적용한 결과라고 할 수 있다. 전자화폐도 최근 도로공사와 서울시가 추진중인 새로운 전자지불교통사업을 계기로 향후 전자화폐이용 활성화가 예상되면서 전자화폐업계에 큰 희망을 불러일으키고 있어 모바일 금융서비스에 못지않게 주목을 받고 있다. 이와 같은 새로운 금융서비스가 등장하는 배경을 살펴보고 금융기관이 이와 같은 서비스를 어떤 전략으로 제공하여야 하는지에 대하여 한번 생각해 보자.

새로운 금융서비스가 등장하여 이용되려면 그 서비스에 대한 고객의 니즈가 필요하고 그 서비스와 관련된 기술의 발전 등이 있어야 한다. 이와 같은 것을 변화의 동인이라고 하는데 변화의 동인이 작용하여 변화의 추세가 나타난다고 하겠다. 최근에 금융분야에서 일어나는 일련의 변화는 급속도로 발전하고 있는 정보기술, 인터넷 이용의 생활화, 고객의 니즈 변화, 정부의 규제완화 정책 등과 같은 동인의 작용에 따른 결과라고 할 수 있다. 변화의 동인에 따라 금융서비스 채널이 다양화되고, IC칩이나 2D 바코드 또는 생체인식 정보기술 등을 이용한 새로운 금융서비스가 개발되며, 이동통신업체나 벤처기업과 같은 비금융기관들이 금융업에 진입하는 등 변화의 추세가 일어나고 있는 것이다.

앞에서 언급한 모바일 금융서비스나 전자화폐는 이와 같은 금융환경의 변화과정에서 나타난 새로운 금융서비스라고 하겠다. 모바일 금융서비스의 경우 언제, 어디서나 이용할 수 있다는 점과 3,200만명의 핸드폰 소지자를 고객기반으로 하고 있어 향후 시장에서 가장 많이 이용되는 서비스 채널로 자리잡을 것으로 기대되고 있다. 이에 따라 지난해부터 금융업계와 이동통신업계간에 금융정보 저장방식과 휴대폰번호를 이용한 P2P^{Person to Person}, 즉 송금서비스를 둘러싸고 주도권 장악을 위하여 첨예한 대립이 지속되어 왔다. 전자화폐도 교통카드를 제외하고는 그동안 이용실적이 미미한 가운데에서도 전자화폐업체간에 치열한 경쟁이 이루어지고 있었는데 서울시와 도로공사가 신교통카드사업을 추진하면서 새로운 활로를 모색하고 있다고 하겠다.

지금 금융기관의 입장에서 가장 시급한 것은 이와 같은 금융서비스를 어떻게 제공하느냐 하는 전략이다. 금융기관이 모바일 금융서비스와 전자화폐의 이용을 활성화시키기 위한 전략으로는 다음과 같은 것을 들 수 있겠다.

첫째, 적절한 제휴전략이 필요하다. 모바일 금융서비스의 경우 금융기관이나 이동통신사업자 모두 상호협력 없이는 서비스를 제공할 수 없다고 하겠다. 금융기관은 이동통신사의 통신인프라와 고객 기반이 필요하고, 이통통신사는 금융서비스가 필요하기 때문에 상호 영역을 인정하고 적정한 선에서 협력하는 제휴전략이 필요하다. 전자화폐의 경우도 지금은 나누어 가질 수 있는 파이가 너무 적어 우선 전자화폐사업자간에 파이를 키울 수 있는 협력 체제의 구축이 필요한 시점이다.

둘째, 표준화 전략이 필요하다. 이동통신사별로 모바일 금융 서비스에 적용되는 통신기술이나 IC칩의 스펙 등이 달라 상호 호환성이 없고, 전자화폐도 지역간 호환이 이루어지지 않아 전국에서 통용될 수가 없다. 따라서 금융기관이 우선적으로 해결해야 할 과제 중의 하나는 실효성 있는 표준화를 추진하여 중복투자에 따른 낭비와 비효율을 줄이는 것이라고 하겠다.

셋째, 금융기관간에 경쟁과 협력의 묘를 살리는 전략이 필요하다. 지금까지는 금융기관들이 서로 경쟁적으로 첨단 서비스를 제공하는데 따른 이미지나 인지도 제고효과를 우선시하였다. 그 결과 상당수의 신규 서비스가 한건주의에 따라 등장하고 소리없이 사라지곤 하였다. 이제부터 금융기관은 한건주의를 지양하고, 새로운 금융서비스에 대한 인프라를 공동으로 구축하며 서비스는 차별화하는 등 여러 부문에서 협력과 경쟁의 묘를 살려야 한다.

마지막으로 한 가지 언급하고 싶은 것은 신규 서비스나 채널에 대한 인식을 전환시키는 것이 필요하다는 점이다. 신규 서비스나 채널은 상당한 투자가 필요하지만 그에 대한 수익성은 크지 않다고 하겠다. 그 대표적인 예가 인터넷뱅킹서비스라고 할 수 있다. 인터넷뱅킹서비스가 등장한지 수년이 경과하였고, 이용률도 크게 증가하여 8대 시중은행의 경우 창구를 제치고 최대의 서비스 채널로 부상하였지만 수익성은 크지 않다. 그렇지만 신규 서비스나 채널을 수익성 관점에서만 바라보는 시각은 바람직하지 않다. '인터넷뱅킹서비스를 제공하지 않는 은행을 과연 이용할 것인가?' 대다수 고객들은 노No라고 답할 것이다. '모바일 뱅킹서비스를 제공하지 않는 은행을 이용할 것인가?' 아마 많은 사람들이 고개를 갸우뚱할 것으로 추측된다. 이와 같이 신규 서비스나 채널은 수익성의 차원보다는 금융기관이 생존경쟁에서 살아남기 위한 필수조건이라는 인식을 가져야 할 것이다.

2003.12. 조흥은행 임원초청 특강, 대한금융일보 칼럼기고

손가락하나로 모든 것을─모바일뱅킹

모바일뱅킹의 특성과 장점

모바일뱅킹의 특성으로는 첫째로 휴대성, 이동성, 접근성, 편재성Ubiquity을 들 수 있다. 모바일단말기만 있으면 언제, 어디서나 시간과 장소에 구애받지 않고 편리하게 이용할 수 있다. 집과 사무실처럼 고정된 장소에서 이용할 수밖에 없는 인터넷뱅킹, 폰뱅킹, CD/ATM 계좌이체 등과 달리 버스나 지하철로 이동 중이거나 영화를 볼 때 또는 여행중이라도 휴대폰을 통해 결제가 가능하다는 장점이 있다.

둘째로, 기술적 측면에서 최신 IT기술이 적용되는 첨단 지급결제수단이라는 점이다. 하드웨어적으로 고도의 IC칩 생산기술이 집적되고 RF 인터페이스가 접목되어야 할 뿐 아니라 소프트웨어적으로도 고도의 암호화모듈이 탑재되어 IC칩 운영체제의 구동 메커니즘과 연동되어야 하고 각 어플리케이션들은 표준화되어 이동통신 인프라 및 금융 인프라와 연동해야 하는 등 최첨단 IT기법들이 적용된다.

셋째, 효율성이 뛰어나고 비용절감이 가능하다는 장점이 있다. 무선통신기능이 갖춰져 있고 칩 부착이 가능한 모바일을 갖고 있으면 누구나 손쉽게 언제, 어디서나 이용이 가능하기 때문에 모바일 뱅킹의 효율성은 다른 어떤 전자결제수단보다 뛰어나다고 할 수 있다. 또한 은행 업무를 보기 위해 거래점포에 찾아가는 시간과 비용 등을 절감할 수 있으며, 은행 측에서도 인건비나 관리비용을 크게 줄일 수 있다.

넷째, 은행, 신용카드사, 이동통신사, 휴대폰 제조업체 등 이종산업異種産業의 다양한 이해당사자들이 긴밀한 협력관계 구축이 중요하다는 점이다. 예를 들면, 통신업체와 금융기관이라는 이질적 업종이 IT라는 매개체를 통하여 상호 협력해서 융합Convergence효과를 얻을 수 있지만 상호 이해관계가 달라 경쟁요인과 장애요인을 동시에 지니고 있기 때문에 긴밀한 협력관계가 중요하다. 2003년에 칩방식 모바일뱅킹 서비스를 앞두고 IC칩 발급권한을 둘러싼 은행과 이동통신사간의 첨예한 대립이 은행이 금융IC칩을 발급·관리하는 형태로 일단락되었으나, 최근 USIM

칩의 발급을 계기로 다시 은행과 이통사간의 갈등이 재연되는 조짐을 볼
수 있다.

　다섯째, 모바일의 특성상 전자적 장치에 대한 조작이나 이용
방법에 대한 고객들의 어려움과 두려움 등이 활성화의 걸림돌이 될 수 있
다는 측면이 있다. 아울러 모바일결제의 안전성에 대한 위험과 이용자의
정보가 저장되어 있는 모바일을 분실하거나 도난당했을 경우의 위험성
을 배제할 수 없다.

2009.5. 금융연수원 강의원고

모바일뱅킹의 최근 동향

우리나라의 모바일뱅킹은 1999년 11월 씨티은행구 한미은행과 농협중앙회가 국내 최초로 서비스를 개시하였고, 2003년 9월 국민은행이 최초로 도입한 IC칩 기반의 모바일뱅킹을 계기로 모바일뱅킹이 확산되기 시작하였고, 2007년부터는 3세대 이동통신방식인[1] WCDMA서비스가 상용화되면서 SHOW KTF, T SK텔레콤가 전국적으로 보급되기 시작하여 2008년 말 현재 가입자 수가 800만명을 상회하고 있다.

원래 IC칩 기반 모바일뱅킹은 IC칩에 저장된 계좌번호, 신용카드번호 등을 이용하여 지급결제서비스를 이용하는 방식으로서, 엄밀하게는 통신용 SIM Subscriber Identity Module카드와 금융정보가 저장된 IC칩이 별도로 있는지 여부에 따라 원칩One Chip과 듀얼칩Dual Chip으로 구분되며 동 발급권한을 두고 은행과 이동통신가간에 주도권을 두고 대립된다. 하지만 CDMACode Division Multiple Access, 코드분할다중접속기반의 국내에서는 SIM 카드를 별도로 내장하지 않을 뿐 아니라 2003년 모바일뱅킹 도입당시에 이동통신사들이 은행권에 IC칩 발급권한을 양보함으로써 발급권한에 대한 문제가 크게 이슈화되지 않았다.

그러나 WCDMA 서비스가 도입되면서 IC칩의 발급형태와 발급주체에 대한 문제가 다시 제기되고 있다. WCDMAWideband CDMA 기반에서는 USIMUniversal Subscriber Identity Module이라는 IC칩 기반의 가입자인증모듈을 휴대폰에 장착해야만 음성통화 및 무선인터넷 등 이동통신서비스를 이용할 수 있기 때문이다. 이에 따라 기존의 IC칩 기반의 모바일뱅킹을 WCDMA 서비스에서도 이용할 수 있도록 하기 위해서는 USIM칩에 모바일뱅킹 모듈을 탑재하거나 기존의 뱅킹용 IC칩을 장착할 수 있도록 듀얼칩 기반의 휴대폰을 개발할 수밖에 없다.[2]

그러나 이동통신사업자는 USIM칩이 이동통신서비스를 위한 IC칩이라는 논리로 칩의 발급권한 및 마스터키 관리권한을 은행과 공유할 수 없다는 입장이고, 은행은 은행대로 금융정보 보호 등의 이유때문에 USIM칩에 모바일뱅킹을 탑재하기 곤란하다는 입장이다. 그렇다고 은행이 독자적으로 듀얼칩Dual Chip 기반의 휴대폰 개발을 추진하기도 어려운 상황이어서 현재 은행권에서는 IC칩 기반의 모바일뱅킹과 더불어 VM 방식의 모바일뱅킹을 제공하면서 USIM칩에 대한 은행공동의 대응방안을 모색하고 있다.

2009.5. 금융연수원 강의원고

모바일뱅킹의 전망

정보통신기술의 발달에 따라 IC카드, RFID, WiBro, IPTV 등 지급결제수단에 영향을 미칠 수 있는 다양한 기술들이 등장하면서 최근 모바일을 통한 지급결제서비스가 크게 발전하고 있다. 모바일휴대폰은 휴대성, 접근성, 이동성 등의 장점과 더불어 IC카드, RF카드[3] 등의 신기술과 다양한 서비스 및 네트워크 등과의 융합컨버젼스에 적합한 특징을 지니고 있어 향후 통신, 방송, 금융의 본격적인 컨버젼스가 진행될 경우 휴대폰이 지급결제서비스를 제공하는 플랫폼으로 가장 효율적인 수단이 될 것으로 전망되고 있다.

휴대폰을 이용한 지급결제서비스는 1990년대 초에 이동통신이 발달한 핀란드에서 처음으로 시작되었는데, 본격적으로는 1990년 후반에 IC카드 이용이 확산되고 휴대폰에 PC의 운영체제 및 웹브라우저와 같은 기능이 탑재되면서 데이터통신기능이 가능해지고서 부터라고 할 수 있다. 구체적으로는 1999년 북유럽의 Nordea 은행은 Nokia가 개발한 WAP^{Wireless Application Protocol}폰을 이용하여 IC칩 기반의 모바일뱅킹서비스를 시작하였으며, 우리나라에서는 2003년 LG텔레콤이 국민은행과 제휴하여 국내 최초로 IC칩 기반의 뱅크온^{BankOn}서비스를 도입하면서 IC칩 기반의 모바일뱅킹서비스가 시작되었다. 이후 SK텔레콤과 KTF가 은행과 제휴, 각각 M-Bank와 K-Bank라는 IC칩 기반 서비스를 제공하면서 모바일 뱅킹이 확산되기 시작하였다. 2005년부터는 은행공동의 모바일지급결제서비스인 Ubi^{Ubiquitous banking interface}가 도입되어 IC칩이 없는 휴대폰으로도 상대방 휴대폰 번호나 계좌번호로 송금이 가능하게 되었다. 최근에는 휴대폰 사용자가 직접 무선인터넷에 접속하여 자신의 휴대폰 칩에 카드정보를 다운로드받아 휴대폰을 통해 자신의 카드정보 조회는 물론 카드 가맹점에서 대금을 결제하고 은행 CD/ATM에서 현금서비스를 받을 수 있는 방식도 제공되고 있다.

이와 같은 모바일뱅킹의 발전은 지급결제서비스를 이용할 수 있는 서비스 접점이 종래의 물리적 기반에서 점차 네트워크 기반과 유비쿼터스 기반으로 이동한다는 것을 의미하며 아울러 이제까지 은행, 신용카드사 등 금융기관들의 고유영역이었던 지급결제시장의 진입장벽이 낮아지면서 이동통신사 등 비금융기관들의 시장진입이 상대적으로 용이해진다는 것을 시사하고 있다. 앞으로 모바일 뱅킹은 새로운 지급결제기술과 계속 융합되고 진화하면서 유비쿼터스 기반의 지급결제[U-payment]실현을 주도할 것으로 전망된다.

2009.9. 회계연수원, 국민대 목요조찬 특강

모바일뱅킹의 활성화 방안

국내 휴대폰 가입자는 인구의 90% 이상에 해당하는 4300만 명에 이르고 있다. 따라서 지급결제수단으로써의 성장잠재력이 매우 크다고 할 수 있다. 또한 휴대폰에 IC칩의 장착, 가상 자판기, 3D 영상출력, 메모리 증가, 외장메모리 접속, 영상서비스, 디지털 홈네트워크 통신 등 새로운 기능들이 계속 추가되는 추세여서 지급결제수단으로 활성화될 가능성이 높을 것으로 전망된다.

더욱이 유심USIM, 범용가입자인증모듈칩이 장착되고 데이터 전송 속도가 빠른 3세대 이상 휴대폰 보급이 확산될 경우 모든 휴대폰 가입자가 잠재적인 IC칩 기반 모바일뱅킹 이용자가 될 것이라는 전망이다.[4] 이는 데이터 통신을 활용한 부가서비스인 모바일뱅킹서비스를 활성화시키는데 큰 도움이 될 것으로 보인다.

앞으로 국내 모바일뱅킹서비스를 활성화하기 위해서는 다음과 같은 과제를 해결해야 할 것이다.

첫째, 모바일 인프라의 표준화와 상호 호환성을 통해 이용자의 편리성을 제고해야 한다. 현재 VAN사^{결제대행업체}, 신용카드사, 가맹점, 이동통신사 등 이해관계자가 개별적으로 마그네틱 단말기, IC카드용 단말기와 모바일결제용 리더기를 설치하고 있다

이에 따라 비접촉식 단말기간에 호환이 되지 않는 경우가 많아 이들 단말기의 인터페이스 표준화와 호환성이 필요하다. 또한 2세대 휴대폰에 탑재된 칩은 금융기관이 발급하고 관리권한을 직접 갖지만 WCDMA^{광대역부호분할다중접속}기반의 휴대폰상의 USIM칩은 이동통신사가 관리권한을 갖는다. 결국 칩의 발급과 관리권한을 두고 이통사와 금융기관의 대립으로 인해 서비스의 확산은 더욱 늦어지고 있다.

둘째, 모바일뱅킹이 활성화되려면 모바일뱅킹서비스의 안전성에 대한 이용자들의 불안감을 해소시킬 필요가 있다. 모바일뱅킹은 인

터넷뱅킹과 비교해볼 때 무선구간이 추가될 뿐 거의 유사한 시스템 구성과 비즈니스 로직을 가지고 있다. 다만 칩 기반 모바일뱅킹의 경우 공인인증서 기반의 PKI^{공개키기반구조} 보안이 적용되는 인터넷뱅킹과 달리 무선 공인인증서비스가 적용되는 환경이 제한적인 측면이 있다.

따라서 WPKI^{무선 공개키기반구조}의 무선 공인인증서비스 적용 환경을 확대하고 모바일뱅킹서비스의 안전성에 대한 홍보를 강화해 이용자들의 불안감을 해소시켜야 할 것이다.

셋째, 모바일뱅킹서비스 이용에 따른 무선데이터 이용요금에 대한 이용자들의 부담을 완화해 줄 필요가 있다. 모바일뱅킹 서비스의 경우 무선인터넷망 이용에 따른 데이터 이용요금을 지불해야 하는 경제적 부담이 활용도를 떨어뜨리는 현실적 측면이 있다.

칩방식의 경우 통신요금이 전용요금제로 돼 있어 월 800원의 정액요금을 내면 무제한 모바일뱅킹서비스를 이용할 수 있지만 브라우저 등 여타방식은 데이터 패킷단위당^{종량제} 통신요금을 부담하게 되어 있다. 따라서 이를 완화하거나 정액제 통신요금제로 나아가는 방안을 강구할 필요가 있다.

넷째, 모바일뱅킹 접속에 따른 고객들의 편의성을 보다 강화할 필요가 있다. 모바일뱅킹서비스 이용을 주저하는 이유 중의 하나는 휴대폰 조작이 상대적으로 힘들고 불편하다는 점이다. 한번의 키 조작으로 접속이 가능한 모바일뱅킹 전용 핫 키^{HOT-KEY}처럼 보다 간단하고 빠르게 모바일뱅킹사이트에 접속할 수 있는 방안을 모색할 필요가 있다.

다섯째, 디바이스 및 서비스 컨버전스를 포함한 다양한 기능을 접목해 칩에 구현시킨 복합 다기능카드^칩와 모바일 포털이나 MVNO^{가상이동통신망사업}를 통한 모바일 컨버전스도 꾸준히 추진해야 한다. 최근 통신, 방송, 금융의 본격적인 컨버전스가 진행됨에 따라 관련 서비스를 제공하는 플랫폼으로는 휴대폰이 가장 효율적인 수단으로 전망되고 있기 때문이다.

2009. 5. 디지털타임스 칼럼

최근 스마트폰의 발전동향과 전망

스마트폰 열풍이 뜨겁다. 미국 애플의 아이폰iPhone4, 구글의 넥서스원nexus one이 국내시장에 상륙해 급속히 보급되는 가운데 삼성전자가 갤럭시S를, LG전자가 옵티머스Z를, 팬택이 베가Vega를 시장에 내놓고 치열한 주도권 다툼을 벌이고 있다. '손안의 컴퓨터'로 불리는 스마트폰 대전의 승자는 과연 누가될까 흥미진진하다.

금년 7월말로 스마트폰 가입자수가 벌써 200만명을 넘었으니 올해안에 500만명 돌파는 시간문제라는 추측이 무성한 가운데 카드회사, 은행은 물론 증권, 보험업계에서도 이를 활용할 수 있는 새로운 애플리케이션을 개발하는 등 발 빠른 움직임을 보이고 있다.[5]

우선 신용카드회사들은 스마트폰의 전자지갑 기능을 강화하는 서비스를 선보이고 있다. 예컨대, 스마트폰에 신용카드를 무선으로 발급받아 결제단말기에 근접시켜 비접촉으로 결제하는 방식의 경우, 대금지급 뿐 아니라 GPS 기능을 통해 위치 정보를 파악하여 할인·쿠폰 정보를 전송해 주거나 사용자에게 가장 유리한 결제수단을 추천해 주는 등 사용자의 서비스 만족도를 높이고 마케팅 정책으로 활용할 수 있다. 또한 사용자가 스마트폰으로 상점에 비치된 제품의 태그 정보를 읽어 들인 후, 전용 애플리케이션이나 웹브라우저 등을 통해 지급수단 정보를 선택·입력하여 결제하는 방식도 얼마든지 가능할 수 있다.

은행권에서는 하나, 신한, 국민은행 등이 다양한 운영체제_{아이폰, 안드로이드, 윈도모바일 등}를 모두 지원할 수 있는 운영체제OS를 갖추고 스마트폰뱅킹서비스를 시작하여 거래내역조회, 이체서비스, 공과금납부 등의 금융서비스를 하고 있는데 기존의 모바일뱅킹에 비해 사용자편의성을 최대한 도모하고 다양한 서비스를 제공하는 장점과 특징이 있다.

SK증권과 삼성증권, 현대증권 등 증권회사들도 스마트폰을 이용한 주식거래_{모바일트레이딩}서비스를 제공하면서 스마트폰 애플리케이션의 기능을 두고 치열한 선두경쟁을 벌이고 있다. 즉 이용자가 실시간으로 관심종목의 뉴스, 시세, 차트를 비롯해 해외동향, 채권금리, 환율정보 등을 손쉽고 빠르게 볼 수 있도록 화면전환, 데이터전송속도, 유저인터페이스UI를 개선하여 PC를 통한 주식거래방식인 HTSHome Trading System에 버금가는 기능을 보강하는 데 역점을 두고 있다.

　그렇다면, 스마트폰이 종래의 휴대폰과 기능상 차이점이 무엇이고 특징은 무엇인지 그리고 향후 전망에 대해 살펴보자.
　스마트폰은 컴퓨터와 유사한 수준의 고기능 환경 구현이 가능한 범용 운영체제OS를 탑재한 고기능 휴대폰이동통신단말기으로 확장성과 개방성면에서 종래의 휴대폰과 비교가 안 될 정도다. 스마트폰은 사용자가 직접 자신의 구미에 맞도록 환경을 설정하고 필요한 프로그램을 추가, 삭제하는 등 소위 커스터마이징customizing이 가능하다. 휴대폰의 폐쇄적 통신망과 달리 개방된 와이파이Wi-Fi망을 통해 쉽고 빠르게 무선 인터넷에 접속할 수 있고 통신료 부담도 저렴하다는 장점도 있다.

　그동안 우리나라는 모바일 선진국으로 손꼽히면서도 스마트폰에서 약세를 면치 못했는데 이는 동영상과 카메라 등이 내장된 고성능 모바일폰feature phone과 PDA폰이 보급 확산되면서 스마트폰수요를 대체해왔고, 폐쇄적 이동통신망 구조로 인해 콘텐츠 산업이 활성화되지 못했으며, 합리적인 데이터 요금제가 부재했기 때문이라고 할 수 있겠다.

　그러나 최근 한국형 무선인터넷 표준플랫폼인 WIPI[6] 탑재 의무화 폐지에 따라 플랫폼 개방이 본격화되고 아이폰이 국내시장에 출시되면서 국내 스마트폰시장은 새로운 전기를 맞게 된 것이다. 데이터 요금제 현실화, 콘텐츠시장 여건 개선 및 무선망 투자확대 등 정부의 정책적 지원도 스마트폰시장의 활성화를 촉진할 것으로 보인다.

　향후 스마트폰은 계속 진화할 것이고 사용자들은 '손 안의 PC'를 가지고 카드결제나 뱅킹서비스, 주식투자 등 다양한 서비스를 시간과 장소에 구애받지 않고 손안에서 즉시 처리할 수 있을 뿐 아니라 사회생활 각 부문에 큰 변화를 몰고와 그야말로 전 사회를 '스마트'하게 만드는 역할을 할 것으로 전망된다. 이미 현실화되었지만, 가상정보와 현실정보를 결합한 증강현실AR, Augmented Reality서비스를 통해 사용자가 스마트폰 화면에서 찾고자 하는 카페, 버스정류장, 음식점, ATM단말기 등을 볼 수 있게 하고 전화번호나 메뉴, 가격 등 관련정보를 안내받을 수 있다. 어쩌면 세계 최초로 휴대폰을 개발한 마틴 쿠퍼Martin Cooper의 예측대로 우리 몸안귓속에 스마트폰을 심는 날이 도래할 지도 모르겠다. 그러면 손가락하나 까닥할 필요없이 현재 스마트폰으로 하는 다양한 서비스를 할 수 있을 게고, 거기다가 혈압, 맥박, 체온을 측정하여 질병을 예측하는, 말하자면 공상과학영화에서 나오는 '호모 사이보그Homo Cyborg'가 실현되는 셈이다.

이제, 스마트폰이 금융결제측면에서 미치는 영향을 전망해 보자.

스마트폰의 진화는 금융과 통신간 컨버전스를 가속화시켜 스마트폰기반 지급결제서비스의 발전을 가져올 것으로 예상된다. 우리나라의 경우 그 동안 2세대, 3세대 휴대폰을 통해 모바일뱅킹을 경험한 사용자들의 저변이 넓고 스마트폰이 빠르게 보급될 것으로 예상되는 만큼 신규 수익원 창출·시장구도 변화 등의 목적으로 다양한 비즈니스 모델들이 등장할 것으로 전망된다.

스마트폰은 풍부한 애플리케이션 시장이 강점의 하나인데, 지급결제부문에서도 앱 방식의 서비스가 더욱 활성화애플과 구글의 앱스토어에서 금융애플리케이션의 비중은 약 2%되면서 이용자들의 지급결제서비스의 편의성을 크게 증진시킬 수 있을 것으로 예상된다. 구체적으로는 은행·카드 계좌조회, 거래내역조회, 계좌이체 등 기본적 지급결제서비스 기능은 물론이고 신용카드단말기 기능, 청구서 조회 및 통합관리기능, 자산관리기능 등 부가적 기능도 제공할 수 있을 것이다.

신용카드단말기 기능이란 소규모 상점이나 노상 점포들이 자신의 스마트폰을 직접 단말기로 활용하여 카드결제 요청고객을 수용할 수 있는 기능을 말한다. 형태에 따라 직접입력key-in 결제방식과 접촉swipe 결제방식이 있을 수 있는데 직접입력 결제방식은 판매상이 자신의 스마트폰에 다운로드받은 애플리케이션을 실행한 후 고객의 신용카드 정보를 직접 입력하고 터치스크린 상에 고객이 서명함으로써 지급이 완료되며 영수증은 고객의 이메일로 송부되는 형태이다. 판매상은 일괄 거래내역을 열람할 수도 있으며 환불처리도 가능하다. 반면에 접촉swipe 결제방식은 별도의 카드리더기를 스마트폰에 연결해서 애플리케이션을 실행하고 결제금액을 입력한 후 리더기에 고객의 신용카드를 통과시키는 형태로서 카드 정보는 암·복호화되어 이동통신망으로 송수신된다.

청구서 통합관리기능이란 대출 상환금, 통신료, 카드 대금, 보험료, 공과금 등 개인의 각종 청구서 정보를 하나의 애플리케이션에 통합하여 관리할 수 있는 서비스를 말한다. 자산관리 기능은 개인의 지출, 수입 내역을 지속적으로 트래킹하고 이에 대한 종합 리포트를 제공받아 개인 및 가계의 자금관리를 용이하게 지원해주고 또한 여러 은행에 분산된 계좌들을 하나의 화면에서 일괄 조회할 수 있는 계좌 통합관리 기능도 제공한다.

또한 스마트폰의 발전은 모바일 커머스의 활성화를 촉진할 가능성도 크다. 다만, PC기반 전자상거래에서는 신용카드를 통해 상품을 구매하거나 휴대폰 소액결제를 통해 디지털컨텐츠를 구매하는 지급거래 형태가 보편적이었지만 스마트폰 기반 모바일 커머스의 경우 입력정보를 최소화하는 지급수단이 각광받을 것으로 예상된다. PC보다 작은 크기의 스마트폰에서 각종 결제정보·사용자 인증정보·배송정보 등을 모두 입력하는 것이 결제 편의성을 저해할 수 있기 때문이다. 아울러 별도의 계정을 활용하여 선불 충전하거나 신용카드 및 은행계좌와 연동시킨 모바일 선불카드 형태의 서비스에 대한 니즈가 증가할 수도 있을 것으로 예상된다.

2009.10. 금융연수원, 중앙공무원 교육원 특강

방송통신융합과 T-커머스

최근 방송과 통신기술의 발전은 디지털화, 광대역화, 양방향화로 요약할 수 있다. 이러한 기술발전은 양방향 디지털 방송과 같이 방송과 통신기능이 융합된 새로운 형태의 서비스를 탄생시키고 있으며 결과적으로 방송과 통신의 경계를 점진적으로 무너뜨리고 있다. 실제로 환경변화에 발맞추어 방송과 통신사업자들은 인수합병, 지분참여, 전략제휴 등을 통해서 방송·통신 융합형 서비스를 신속히 도입하는 것은 물론이고 새로운 서비스에 기초하여 신규 비즈니스 모델을 발굴하고 있는 상황이다.

이러한 환경변화에 금융산업이 관심을 갖는 것은 다음과 같은 이유 때문이다.

　　첫째, 방송·통신 융합은 지금까지 분리되고 독립적으로 존재하여 왔던 두 개의 사회간접자본이 합쳐짐으로써 양자의 강점과 약점을 보완하여 기업과 소비자, 소비자와 소비자간 정보 교환 활동에 있어서 일대 혁신을 가져올 것이며 이는 경제·사회 전반에 매우 큰 파급 효과를 가져 올 것이 분명하기 때문이다.

　　둘째는 전자상거래 분야에 있어서 긴밀한 협조와 동시에 치열한 경쟁을 하고 있는 금융산업과 통신산업의 관계에 영향을 미칠 수 있는 요인이 되기 때문이다.

　　방송과 통신의 융합이란 방송망과 통신망이 결합된 하나의 망을 통하여 방송 및 통신 서비스를 동시에 제공함으로써 기존 기술 및 규제상의 경계가 불분명해지는 현상을 의미하는데 구체적으로는 크게 네트워크 융합, 서비스 융합, 사업자 융합으로 유형을 나누어 볼 수 있다.

　　먼저 네트워크 융합이란 방송망을 통한 통신 서비스, 통신망을 통한 방송서비스 제공 등 방송망과 통신망의 구분이 점차 불분명해지는 현상을 의미하는 것으로서, 케이블TV망을 통한 초고속 인터넷서비스 제공을 대표적인 사례로 들 수 있다.

　　서비스 융합이란 방송과 통신의 특성을 함께 가진 방송·통신의 경계역적 서비스 출현을 의미하는 것으로 이는 단말기의 융합을 가장 큰 원인으로 볼 수 있다. 서비스 융합의 대표적인 예는 VOD, 인터넷 TV, 휴대폰을 통한 방송을 들 수 있겠다.[7]

　사업자의 융합은 방송 및 통신사업자의 타 사업영역으로의 진출을 의미하는 것으로 기존의 방송기업을 통신사업자가 인수 또는 합병을 시도하거나 지분투자를 하는 것과 같이 서로의 영역에 대한 사업 확대를 활발히 전개하고 있는 상황이다.

　이와 같은 방송·통신융합서비스의 가장 큰 특징은 양방향성을 제공하는 것이다. 현재 양방향서비스가 가능한 융합형방송은 위성방송이나 DMB^{Digital Multimedia Broadcasting}와 같은 데이터방송과 인터넷을 통해서 방송시청이 가능한 인터넷방송을 들 수 있다.

　이러한 방송·통신융합환경에 대비하여 방송 및 통신사업자들은 활발히 융합시장으로의 진입을 준비하고 있는데, 일반적으로 방송사업자에 비해 기술력, 자본력 등에서 앞서고 있는 통신사업자가 방송 및 미디어기업에 대한 인수, 합병을 적극적으로 나서고 있는 상황이다. 미국의 통신사업자인 US West사가 Continental 케이블사를 인수한 것과 인터넷서비스 회사인 AOL^{American OnLine}이 Time Warner를 합병한 것은 대표적인 해외 사례로 들 수 있다.

한편 국내에서는 최대 통신사업자인 KT가 위성방송인 스카이라이프의 지분 참여를 통하여 방송사업으로 진출하였으며, SKT가 일본 위성DMB 사업자인 MBC의 지분 50%를 확보하고 관련 컨소시엄을 구성하는 등 위성 DMB 사업을 적극적으로 추진하고 있다.

국내의 경우 이러한 융합서비스를 규제하고 관장하기 위한 법제도에 대한 정비는 이제 시작단계라고 할 수 있다. 기존의 방송과 통신서비스는 각각 방송법과 전기통신사업법을 중심으로 규제되어왔기 때문에 위성 DMB와 같이 새롭게 발생한 융합서비스를 다루기 위해서는 방송법 등의 개정이 필요하게 되었으며, 이 개정안은 방송위원회를 중심으로 마련되어 지난 3월 2일 국회 본회의를 통과하였다. 방송법 개정안은 DMB서비스와 데이터방송서비스에 대한 규제 내용을 주요 골자로 하고 있어 방송·통신 융합 서비스에 대한 본격적인 규제기반 마련에 의의를 둘 수 있겠다.

방송통신융합현상이 미칠 파급효과로서는 디지털컨텐츠 시장의 활성화와 T-커머스의 발전이다. T-커머스Television Commerce란 TV기반의 전자상거래를 의미하는 것으로 인터넷에 연결된 TV를 통하여 상품을 살펴본 후 주문하거나 각종 금융거래를 수행하는 것을 말한다. 방송·통신융합환경에서는 방송의 이동 수신 및 양방향 서비스가 가능할 뿐 아니라, 방송과 통신을 동시에 이용할 수 있는 휴대용 복합단말기가 선을 보이기 때문에 복합단말기를 이용한 전자상거래는 활발히 진행될 것으로 전망된다. 예를 들면, 이동 중에 있는 시청자가 휴대용 단말기를 통하여 정규 방송프로그램을 시청하면서 방송 중에 선보인 음악을 실시간으로 요청하여 즉석에서 다운받아 단말기에 저장한 후, 이에 대한 대금을 바로 결제하는 것이 방송·통신융합환경에서의 T-커머스 방식이다. 이러한 T-커머스는 위성방송 및 DMB 서비스가 본격 제공되면 더욱더 활성화되어 보편적 서비스를 이룰 것으로 예상된다.

나아가 기존의 e-커머스, m-커머스, T-커머스로 분류되어 각각의 독립된 통신채널을 통해 제공되던 전자상거래 서비스 또한 채널 간 구분이 없이 단일한 형태로 이루어지는 융합 현상을 보일 것이다. 따라서 하나의 융합단말기를 통하여 방송과 통신매체와 상관 없이 표준화된 전자상거래가 이루어질 것으로 예상된다. 여기서 전자상거래를 구성하는 요소는 지급·결제, 보안·인증 및 물류 분야로 분류할 수 있는데, 가장 핵심요소는 상거래의 기본인 물품구매 및 정보이용에 대한 대금을 지불하는 지급결제분야임은 물론이다.

2005.9. 신용카드 칼럼, 카이스트 테크노경영대학원 특강

방통금의 융합과 다기능통합카드의 출현

방송·통신의 융합현상은 향후 방송, 통신, 금융의 융합현상으로 진화될 것이다.

방송·통신융합환경의 도래에 따라 고객이 접근할 수 있는 네트워크가 확대되고 기술발달로 인하여 동일 서비스를 다양한 네트워크를 통해 제공할 수 있게 되어 고객은 매체의 종류나 접속 네트워크와 상관없이 동일한 서비스를 지속적으로 제공받기를 원하게 된다. 예를 들면 고객의 집안에 있는 디지털 TV를 통해서 송금한 온라인뱅킹의 결과를 이동 중에 고객 친구의 차량에 장착된 휴대형 TV나 고객 개인의 휴대용 단말기를 통해서 확인할 수 있는 편리한 서비스를 고객은 자연스럽게 요구하게 될 것이다. 이러한 고객의 욕구를 개인이동성의 보장이라고 정의할 수 있는데 만일 고객의 개인정보나 금융정보가 집안의 TV 또는 타 단말기 내부에 저장되어있다면 개인이동성이란 고객의 욕구는 만족시킬 수 없을 것이다.

이를 해결하기 위한 방안으로서 다기능성 카드를 확대하여 이용하는 방안을 모색할 수 있다. 말하자면, 고객의 개인이동성을 보장하기 위하여 개인 식별정보나 계좌, 신용카드 정보 등의 금융정보를 저장한 하나의 다기능성 카드를 발급한 후에 이를 다양한 네트워크와 다양한 매체를 통해서 접속할 수 있도록 지원하는 것이다. 방송·통신융합환경에서 융합단말기와 다기능 통합형카드를 이용하여 접속된 네트워크와 무관하게 동일 서비스를 지속적으로 받을 수 있을 것이다. 다시 말해, 다기능 통합카드란 다기능성을 제공할 뿐만 아니라 위성 DMB 단말기, 휴대폰 등 어떠한 단말기를 이용해서도 인식이 가능한 통합형 카드를 의미한다. 이를 위해서는 단말기 매체와 상관없는 표준화된 정보와 인터페이스를 제공하도록 카드 스펙의 표준을 정해야 할 뿐만 아니라 각종 단말기에서 해당 카드를 인식할 수 있도록 모듈을 개발하고 이를 단말기에 탑재하여야 할 것이다.

다기능 통합형 카드의 이용방법에 대해 구체적으로 살펴보자. 먼저 고객은 은행을 방문해서 자신의 금융정보가 저장된 다기능통합형카드를 발급받으면, 인증기관에 접속하여 공인인증서를 발급받아 동 카드에 저장한다. 고객이 위성 DMB 채널이나 무선인터넷을 통해서 성인방송의 시청을 원할 경우 다기능통합카드를 단말기에 넣고 서비스제공사업자에게 성인방송을 요청한다. 고객의 요청을 접수한 사업자는 고객의 성인여부 및 방송요금에 대한 결제 의사를 확인하기 위한 인증절차를 거친 후, 방송을 해당 고객에게 송출하게 된다. 그리고 방송을 시청한 고객은 동 카드의 신용카드나 전자화폐를 이용하여 대금을 결제하게 된다.

방통금의 융합은 향후 온라인금융포털의 발전으로 이어질 것으로 전망된다. 온라인금융포털이란 다양한 네트워크에 연결된 채로 각종 단말기를 통해서 온라인상으로 각종 지급결제 서비스를 제공할 수 있게 하는 접속 창구이다. 이는 네트워크가 추가되거나 서비스를 제공하는 단말기의 변경이 발생하더라도 포털Portal이란 단일 접속창구만을 변경함으로서 기존에 제공하는 지급결제서비스를 지속적으로 제공할 수 있을 뿐만 아니라 PDA를 통한 결제내용을 TV를 통하여 조회하는 등 네트워크나 단말기의 종류와 무관하게 단일화되고 통합된 온라인 금융서비스를 제공할 수 있게 된다. 나아가 온라인포털을 접속하는 금융고객의 정보를 이용하여 CRMCustomer Relationship Management, 고객관리 자료로 활용할 수 있을 것이며 금융관련 커뮤니티 구성 및 개인별로 특화된 금융컨설팅을 제공하는 등 각종 부가서비스를 제공하여 신규 이익을 창출할 수 있을 것으로 예상된다.

현재 각 금융기관별로 인터넷뱅킹뿐만 아니라 각종 금융 및 부동산정보 등을 제공하는 등 온라인금융포털을 운영하고 있으나 그 매체가 인터넷에 한정되어 있으며 또한 금융기관이 개별적으로 운영하고 있어서 통합된 금융서비스를 제공하는 종합포털은 아직 존재하고 있지 않는 상황이다. 그러나 국민은행을 중심으로 모바일뱅킹이 점차 활성화되어 가고 있는 한편 제일은행이 2004년부터 스카이라이프와 공동으로 TV를 통해 은행거래서비스를 할 수 있는 'T-뱅킹 서비스'를 비롯해 쇼핑, 문자 메시지 등과 같은 부가 서비스도 제공할 예정이어서 유·무선 및 방송채널을 접속할 수 있는 진정한 의미의 온라인금융포털이 조만간 가시화될 것으로 예상된다. 나아가 은행 및 신용카드 등 전 금융기관 공동의 정보를 제공하고 개개인에게 알맞은 금융서비스의 소개 및 금융상담서비스를 제공하는 종합금융포털의 탄생도 예상되고 있어 온라인금융포털의 다각화가 이루어질 전망이다.

2005. 9. 신용카드 칼럼

End Notes

1 2001년에 시작된 IMT-2000(3세대 이동통신)은 북미식 CDMA2000과 유럽식 WCDMA방식이 있다. 2세대까지는 미국식 CDMA방식(동기식)과 유럽식 GSM(비동기식)으로 구분됐으나 3세대로 넘어노면서 부분적으로 상호 보완하는 방식으로 발전되고 있다.

구분		1세대	2세대	3세대	4세대
전송정보		음성	음성, 텍스트 기반의 문자	음성 멀티미디어 등 그래픽 기반의 데이터	음성, 고화질 방송 등
대표 상용 서비스명	미국식	AMPS	CDMA	CDMA2000	-
	유럽식	NMT	GSM	WCDMA	-

2 유럽의 GSM통신방식에서는 SIM칩이 있고, 국내의 CDMA(또는 WCDMA)방식에서는 UIM 또는 USIM칩이 있다.

3 비접촉식카드를 말하며 신속성과 편리성으로 신용카드, 전자화폐, 모바일 등에 다양하게 적용한다. 예를 들면 비자의 Visa Wave, 마스터카드의 PayPass, 아멕스의 ExpressPay가 있다. RFID(Radio Frequency Identification)는 IC칩과 무선을 통해 먼 거리에서도 정보를 인식하는 기술을 말하는데 RFID 태그와 RFID 판독기가 필요하다.

4 2010. 9월 현재 모바일뱅킹 고객수는 1,400만명이다.

5 2010년초 스마트폰 가입이자수가 1,000만명에 달한다.

6 Wireless Internet Platform for Interoperability의 약자. WIPI는 근거리무선통신기술을 의미하는 와이파이(Wi-Fi, Wireless fidelity)와 Wibro(Wireless Broadband, 무선광대역인터넷망)로 구분된다.

7 인터넷TV는 IPTV라고도 하는데 TV+인터넷회선+셋탑박스의 결합상품으로 방송통신융합에 따른 DMB서비스발전의 대표적 케이스다.

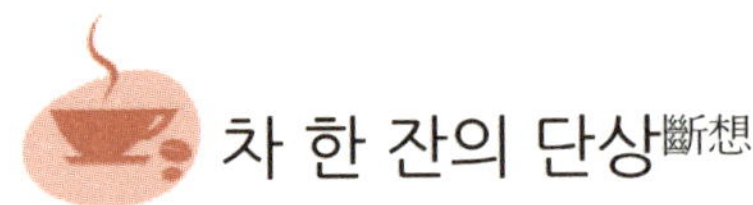

차 한 잔의 단상斷想

목련木蓮 예찬

이른 봄 주택가 골목길을 걷노라면 담 너머로 보이는 목련 가지마다 회갈색의 꽃눈들이 쫑긋이 고개를 내밀고 있다. 매섭게 추운 겨울 속에서도 목련은 봄에 피울 꽃을 겨울내내 준비하고 있었던 모양이다. 길고 긴 북풍한설을 견뎌내고 자신을 단련시켜 이제 곧 유백색의 화려한 꽃을 나무 가득 피워 내겠지.

옛 선비들이 목련을 일컬어 '근설영춘近雪迎春', 즉 눈 내리는 추운 겨울에 봄을 맞을 준비를 하는 꽃이라고 부른 의미를 알 것 같다. 목련이 그 크고 화사한 꽃송이들을 피워 올릴 즈음이면 꽃봉오리들이 북쪽을 향하고 있어, 양지쪽으로만 해바라기같이 서있는 다른 꽃들에 비해 그 기상이 의연하고 기품이 있다 해서 '북향화北向花'라고도 부른다는데 목련의 생리 자체가 그 만큼 곧고 당당함을 잘 표현한 게 아닌가 생각된다. 또한 목련을 옥玉같이 깨끗하고 고상하다는 뜻으로 '옥수玉樹'라고도 부르는 것은 어쩌면 겨우내 희고 고운 겨울눈을 맞으며 꽃눈을 키웠기 때문에 꽃잎 하나 하나마다 깊고 그윽한 향기가 배어있기 때문이 아닐까 생각해 본다.

요즈음처럼 어지럽고 혼탁한 세상에 우리도 목련꽃처럼 가지마다 환한 등불 하나씩을 들고 살 수 있다면 얼마나 좋을까. 청정淸淨한 심령에서 향기가 절로 스며나는, 겸손하고 교양있고 남을 배려할줄 아는 우리들이 될 수 있다면 얼마나 좋을까.

그 동안의 경제개발과정에서 우리는 달리듯 쫓기듯 살아오느라고 숨도 제대로 쉴 수 없었다. 한번 잘 살아보자는 염원 때문에, 남보다 먼저 앞서야 한다는 욕망 때문에, 자족自足할 줄 모르고 늘 목이 마른 상태에서 살아왔다. 많이 가진 사람은 많이 가진대로, 적게 가진 사람은 적게 가진대로 만족할 줄 몰랐다. 남 보다 빨리 더 크고 더 많은 것을 차지하려다 보니 갖가지의 부정과 비리, 사기와 속임수가 판을 치게 되었고 심지어는 후안무치厚顔無恥의 동방몰염치지국東方沒廉恥之國이라는 얘기까지 듣게 되어 버렸다. 법정스님의 말씀대로 우리 경제가 환란을 맞았던 것은 어쩌면 우리 모두가 큰 그릇은 만들지 않고 자꾸 욕심껏 담기만 하려고 한데서 비롯된 것인지도 모른다.

이제 새 천년 새봄을 맞이하여 우리 모두 소욕지족小欲知足의 여유로움과 남을 배려할 줄 아는 따뜻한 가슴을 안고 진정한 삶의 가치를 느끼며 맑고 아름다운 세상을 가꾸어 나가야 하겠다. 아울러 시공을 초월하는 디지털 시대, 네트워크 시대에 걸맞게 지연地緣과 학연學緣을 뛰어 넘어, 즉흥성보다는 합리성을, 획일성보다는 다양성을, 단기적 안목보다는 장기적 안목을 중시하는 새로운 패러다임으로의 전환이 필요하다고 본다.

　　우리의 삶은 앞만 보고 무작정 달리는 경주가 아니다. 한 걸음 한 걸음을 음미하며 정진精進하는 긴 여로旅路와 같다고나 할까. 이제 우리 모두 저마다 가슴에 목련꽃처럼 환한 등불을 하나씩 달자.

2000.3. 경북일보

대외경쟁력 강화와 선진사회

- 금융SI수출 늘리려면
- 결제시스템의 국제경쟁력
- 디지털시대의 국가경쟁력강화
- 지급결제제도의 선진화와 금융경쟁력강화
- 선진사회, 천리 길도 한걸음부터
- 건전하고 성숙한 시민사회를 그리며
- 아름다운 사람은 머문 자리도 아름답다
- 따듯한 인성과 합리적 지성교육
- 연고주의와 공정한 사회
- 기부와 나눔의 문화가 확산되려면
- 정보화사회가 지닌 양날의 칼
- 국가적 위기와 성숙한 시민의식

* 차 한 잔의 단상斷想 – 이유있는 추천

금융SI수출 늘리려면

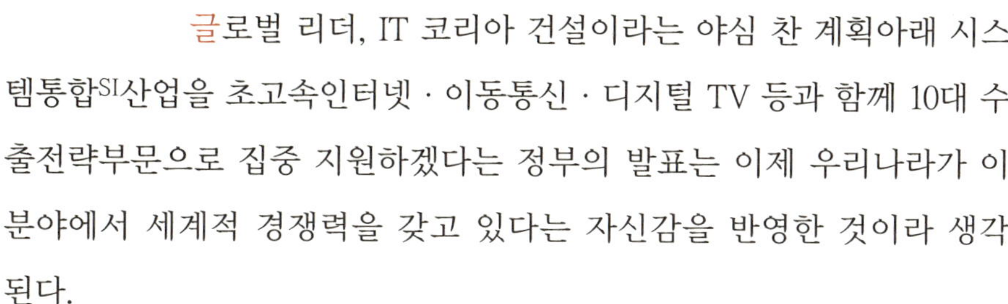

　　글로벌 리더, IT 코리아 건설이라는 야심 찬 계획아래 시스템통합SI산업을 초고속인터넷·이동통신·디지털 TV 등과 함께 10대 수출전략부문으로 집중 지원하겠다는 정부의 발표는 이제 우리나라가 이 분야에서 세계적 경쟁력을 갖고 있다는 자신감을 반영한 것이라 생각된다.

　　SI산업은 다양한 솔루션과 시스템을 통합해서 종합적인 정보인프라를 제공하는 분야이기 때문에 흔히 사이버 건설업이라고도 불리는데 전형적인 지식정보 산업으로서 높은 부가가치를 기대할 수 있기 때문에 수출전략 산업으로 손색이 없다고 본다.

특히 금융SI의 경우 전자지급결제솔루션 · 금융솔루션 · 보안솔루션 · 백업솔루션 등 다양한 솔루션의 지속적 개발과 첨단화를 기반으로 해외시장공략에 적극 나설 경우 충분히 승산이 있다고 예상되며 나아가서는 여타 SI산업의 해외진출에도 견인차 역할을 할 수 있을 것으로 기대된다.

필자가 10년전[1995년]에 우리나라 금융산업의 경쟁력을 강화하는 방안의 하나로 금융지급결제시스템을 발전시키고 이를 통해 얻은 경험 및 노하우를 토대로 해외진출을 모색할 것을 주장할 때만해도 주변에서 이를 난망하는 시각이 적지 않았다.

하지만 2~3년 전부터 국내 SI업체들이 해외 우수경쟁업체들을 따돌리고 베트남 금융기관 지급결제시스템 및 전산화 프로젝트, 파키스탄 중앙은행 전산화 프로젝트, 인도 ICICI 은행 금융프로젝트를 구축 및 수주한 데 이어 이를 기반으로 인접 동남아, 중국, 중동지역과 멕시코, 베네주엘라 등 중남미 국가들을 대상으로 금융SI사업의 진출을 활발히 추진하고 있음은 여간 신나고 반가운 일이 아닐 수 없다.

우리나라의 경우 주요국들보다 금융전산화를 뒤늦게 시작한 것은 사실이지만 그동안 금융결제원과 금융기관들이 공동으로 금융전산망을 구축하고 새로운 전자결제시스템과 지급결제수단들을 계속 발전시켜 온 결과 이제는 기능성이나 효율성 또는 다양성 등에서 오히려 우리가 한 걸음 앞서거나 우수한 측면이 있음을 외국에서도 인정할 정도이다.

더구나 최근 들어 이동통신기술과 스마트카드기술을 이용한 첨단 지급결제방식들, 예컨대 모바일뱅킹 · m커머스 · 전자화폐 · 후불형 교통카드 · 적외선방식Ir을 이용한 휴대폰 결제시스템 등이 속속 등장하고 있어 이런 추세라면 우리나라가 21세기 지급결제혁명의 중심무대로 떠오르는 게 아닌가 생각될 때가 있다.

따라서 금융 및 지급결제 분야에서 우리가 갖는 비교우위를 살려 해외경쟁력을 높이고 IT강국의 위상을 제고하기 위해 금융SI산업의 해외진출을 위한 몇 가지 제언을 하고자 한다.

첫째로 해외수주를 따기 위한 국내업체 간의 과당경쟁은 저가입찰과 그에 따른 수익성 악화를 자초하므로 이를 지양하고 각기 전문분야에 특화하거나 상호협업체제를 모색할 필요가 있다. 얼마 전 몇몇 SI

업체들이 스팝스SPAPS[1]라는 협의체를 발족시켜 해외시장을 공동 개척하기로 한 것은 하나의 좋은 예라고 본다.

둘째로 금융SI산업의 해외진출을 위한 범국가적 차원에서의 공동노력과 지원이 긴요하다. 예를 들어 민관학연民官學研이 협의해 해외시장개척단을 파견하거나 IT관련 국회의원들이 중심이 되어 진출유망지역의 국내 외교사절들을 초청해 우리 금융시스템의 우수성을 소개한다거나 또는 해외공관을 통해 홍보활동을 펼친다면 해외수주에 따른 업체들의 노고와 애로해소에 상당히 도움이 될 수 있을 것이다.

또한 필요시 시스템도입에 따른 상대국의 소요자금을 우리가 직접 파이낸싱financing 해주는 방안 등 다각적 노력을 기울여 볼 수도 있을 것이다.

셋째로 '기술보다는 시장'이라는 말이 있듯이 해외시장 공략을 성공적으로 이끌기 위해서는 해외시장의 정보공유를 통해 상대국 시장상황을 면밀히 분석해서 적절히 대응할 필요가 있다. 이를테면 현지 전문가체제를 도입해서 밀착영업을 펼치는 방안이 전략상 유리할 수 있을 것이다.

아울러 금융SI관련 프리젠테이션과 컨설팅 그리고 해외 마케팅 능력을 갖춘 우수 전문인력의 양성이 필수적임은 말할 것도 없다.

끝으로 여타 사회주의 국가들과 마찬가지로 북한의 경우에도 앞으로 경제발전을 위해서는 금융결제시스템의 구축이 필수적일 것으로 예상됨으로 이에 대비한 금융SI의 진출방안도 고려해 봄직한 일이라고 생각된다.

2002.5. 서울경제신문 칼럼, 국회 IT전문가조찬 특강

결제시스템의 국제경쟁력

몇 달 전에 베트남의 은행현대화 프로젝트와 관련해서 우리나라 지급결제시스템의 우수성을 홍보하는 세미나에 참석차 베트남 중앙은행과 정부부처를 방문한 적이 있다. 금융기관 상호간 온·라인시스템은 물론이고 개별 금융기관 내에서의 온·라인망도 제대로 구축되어 있지 않은 상황에서 개인이나 기업 등 각 경제주체들이 일상적 금융거래나 기업간 자금결제에 상당한 불편을 겪고 있고 이에 따라 경제개발 및 금융발전도 지연되고 있다는 것이 베트남이 안고 있는 당면과제의 하나였다.

'90년대 들어 이와 비슷한 여건에 처해 있는 많은 구 사회주의 국가들러시아, 폴란드, 불가리아, 중국 등과 태국, 말레이시아 등 개도국들이 국가적 차원에서 현대화된 결제시스템의 구축을 서두르고 있다. 뿐만 아니라 이미 상당히 발전된 수준의 결제시스템을 갖추고 있는 미국, 일본, 이태리, 네덜란드 등 선진국들의 경우에도 기존 결제시스템의 개선정비payment system reforms를 통해 지급결제제도의 효율성과 안정성리스크 감축제고를 위한 노력을 기울이고 있다. 예를 들면 미국의 경우 전체 소액결제건수의 80%이상이 아직도 수표거래로 이루어지고 있어 이로 인한 수표처리비용 및 결제지연 등 과다한 사회경제적 비용을 줄이기 위해 수표영상처리시스템IPS, Image Processing System의 도입이나 자동교환결제ACH, Automated Clearing House 등과 같은 전자결제시스템의 보급확대에 부심하고 있다.

그렇다면 지급결제제도의 기능과 역할은 무엇일까?

오늘날 시장경제의 효율적 운영은 개인, 기업 등 경제주체를 상호 연결하는 결제시스템의 기능이 얼마나 원활하고 효과적으로 수행되느냐에 따라 크게 달라진다. 따라서 경제주체들의 다양한 지급결제 수요에 맞추어 각종 지급결제수단과 결제시스템을 개발·구축할 필요가 있는데 이는 대체로 개인간 결제를 취급하는 소액자금이체시스템과 은행간 및 기업간 결제를 다루는 거액자금이체시스템으로 구분된다. 전자를 경제전체를 연결하는 복잡한 모세혈관이라고 한다면 후자는 지급결제제도의 대동맥으로 비유될 수 있으며 금융시스템의 안정적 운영 및 통화신용정책의 유효성과 밀접한 관계가 있다. 따라서 일국의 지급결제제도의 발전은 금융서비스의 향상을 통한 국민편의의 증진은 물론 금융중개기능의 원활화를 도모하고 건전한 신용질서를 유지토록 함으로써 금융산업의 대외 경쟁력을 강화시킨다는 중요한 의미를 갖는다.

지난 '80년대 초반 이후 컴퓨터 및 정보통신기술의 비약적 발달과 범세계적인 금융의 자율화, 개방화, 국제화 진전 등으로 각종 새로운 전자결제수단들이 등장하고 지급결제의 규모가 급신장함에 따라 지급결제제도에 대한 인식과 관심이 크게 부각되고 있다. 실제 우리나라의 경우만 보더라도 연간 지급결제규모의 대 GDP 비율이 1980년의 8.6배에서 1994년 30배로 크게 신장하였는데 이는 쉽게 말하면 매일 매일의 지급결제거래액을 10일분 정도 합치면 연간 GDP와 맞먹는 규모가 된다[2]는 뜻이다.미·일·독은 3~4일 우리나라에서는 주요 선진국에 비해 약 10~15년 뒤늦은 '80년대 후반부터 전자결제시스템의 도입이 시작되었지만 그 동안 금융공동전산망의 효율적 구축과 선진 전자결제시스템의 도입을 적극 추진해 온 결과 현재 주요 선진국에서 보유하고 있는 대부분의 전자결제시스템이 구축 운용되고 있다.

우리 국민의 현금 및 자기앞수표선호도가 높고 전자결제시스템의 도입이 일천한 관계로 아직은 전자결제비율이 낮고 리스크관리 및 안전대책contingency plans이 다소 미흡한 감이 있으나 시스템 기능면이나 효율성면에서 볼 때 선진국 수준에 못지않으며 오히려 한 걸음 앞서거나 우수한 측면도 있다. 이를테면 CD기를 통해 전국 어느 은행에서나 즉시 현금인출이나 계좌이체가 가능하다는 점이나 세계 8번째로 도입된 거액 전자결제시스템인 한은금융망BOK-Wire이 지닌 기능의 다양성과 효율성이 좋은 예라고 볼 수 있다.

향후의 금융산업은 정보통신기술의 발달이 주도하는 가운데 전자화폐나 버추얼 뱅킹 등 다양한 전자금융시스템의 등장으로 지급결제의 고도화시대가 도래하고 아울러 국가간 자금거래 수요증가에 따라 결제시스템의 국제화가 가속화될 것으로 전망된다. 그렇게 되면 모든 금융거래가 시공의 제약을 벗어나 전 세계시장을 통해 즉시real time 이루어지게 될 것이다.

이와 함께 앞으로 OECD와 BIS 가입을 계기로 맞게될 금융환경의 변화 속에서 우리나라 금융산업의 경쟁력을 강화하는 방안의 하나로 금융제도의 하부구조인 지급결제시스템을 발전시키고 이를 통해 얻은 경험 및 노하우know-how를 바탕으로 외국의 지급결제시스템 개발·구축사업에 적극 참여하는 길을 모색해 볼 수도 있을 것이다. 앞서 언급한 베트남결제시스템구축 프로젝트 관련 국제입찰에 미국, 일본, 한국이 저마다 유수의 정보통신회사와 금융기관으로 컨소시엄을 구성해 탐색전을 벌이고 있고 또한 중국의 거액결제시스템구축에 이미 일본이 진출해 있으며 미국의 씨티은행이 세계 각국에 전자화폐에 관한 출원을 하고 있음은 주목할 만하다.

96.8. 매일경제신문

디지털시대의 국가경쟁력강화

몇 해 전부터 이공계 기피현상이 심화되는 상황이 일어나더니 최근 들어 이를 우려하는 목소리와 함께 국가발전의 원동력인 이공계를 우대하는 정책이 시급하다는 이야기들이 자주 거론된다.

만시지탄晚時指彈이긴 하지만 다행스러운 일이다. 판, 검사와 의사가 가장 유망한 직업으로 꼽히고 이공계 학생들이 진로를 바꾸어 고시촌으로 몰려드는 현상을 어떻게 받아 들여야 하는가? 50대의 어느 이공계교수가 종신토록 연구해야 하는 자신의 직업을 인문사회의 경우와 비교하면서 후회하더란 얘기를 어떻게 이해해야 하는가? 최고의 두뇌인재들이 모여 있다는 모 대학의 최고정보경영자과정에 들어간 적이 있었는데 그들의 자긍심 이면에는 사회적 평가와 대우미흡에 따른 일종의 피해심리 내지 컴플렉스가 잠재해 있음을 감지하면서 안타까운 심정과 답답한 마음을 금할 길 없었다.

지금이 어느 시대인가? 고려시대 시작된 고시제도가 아직도 성행하고, 일단 합격하면 평생 신분이 보장되는 요즈음은 꼭 그렇지도 않은데 그렇게들 믿고 있다 시대착오적인 사회에 우리는 살고 있다. 과학기술을 경시하는 소위 사농공상士農工商의 정서가 아직도 지배하는 사회에 살고 있다. 글로벌 시대니 무한경쟁시대이니 하면서도 정작 우리의 국가경쟁력을 살릴 수 있는 길이 무엇인지를, 우리 경제의 발전동력이 어디에 있는지를 도외시하는 듯한 그런 사회에 우리가 살고 있는 것처럼 느껴질 때가 있다. 농경사회, 산업화사회를 거쳐 정보화사회로 시대가 바뀌었으면, 우리 의식구조의 패러다임과 사회제도도 당연히 바뀌어야 하는데 그렇지 못한 것 같다.

바야흐로 세계는 지금 이공계 전성시대라고 한다. 디지털시대, 지식정보화시대라고 일컫는 21세기는 어쩌면 이공계 전성시대, 이공계 지배시대가 되는 것이 필연적일지 모른다. 왜냐하면 첨단기술산업의 발전이 이루어지려면 이공계 종사자들이나 이공계 출신 경영자들의 역할이 절대적으로 필요하기 때문이다.

　주지하는 것처럼 미국, 유럽, 러시아, 일본, 중국 등 주요국들은 이미 오래 전부터 저마다 과학기술강국을 외치며 이공계 출신들을 중시하고 우대하는 정책을 취해오고 있다. 이에 따라 정보과학기술이 급속히 발전하면서 이를 토대로 국가경쟁력이 강화되고 경제발전이 이루어지면서 자연스레 이공계 출신들이 재계, 금융계, 정계 등으로 활동분야를 넓혀 나가고 있는 추세이다.

　이를테면 미국 유명기업체들의 최고 경영자 중 45%는 이공계 출신이라고 하는데, 마이크로소프트의 빌 게이츠 회장, 제너럴 일렉트릭의 잭 웰치 전임회장, IBM의 루 거스너 전임회장, 애플컴퓨터의 스티브 잡스 회장, 인텔의 앤드루 그로브 회장들이 단적인 예라고 할 수 있다.

　중국의 경우에도 관념적 이론보다는 실제적 기술을 중시하는 이른바 무실역행務實力行의 분위기가 우세한 가운데 후진타오 국가주석, 원자바오 총리 등 9명의 최고지도부 전원이 이공계 출신이라니 정말 놀라운 사실이다.

　또한 러시아에서도 푸틴 대통령을 제외한 대부분의 각료들이 이공계 출신이라고 하는데 이는 이공계 분야에서 미국을 따라 잡지 못하면 경쟁에서 패배한다는 위기의식이 아주 오래 전부터 작용한 데서 비롯되었다고 한다.

　　신문보도에 의하면 미국의 경우 향후 최고 전망 있는 직업의 순위조사에서 시스템분석가, 컴퓨터공학자, 엔지니어, 컴퓨터과학자들이 상위 1-5위를 차지하였으며 일본의 경우에도 2002년 초등학생들을 대상으로 한 조사에서 과학자가 1위로 꼽혔다고 한다. 우리나라의 이공계대학 졸업생들이 취업난에 시달리고 있는 반면에 미국에서는 컴퓨터과학과, 정보과학과, 경영정보시스템학과, 화학공학과, 전자공학과 등 이공계 학생들이 취업과정에서 최고의 대우를 받으며 각광을 받고 있다고 하니, 정말로 우리사회에 시사하는 바가 적지 않다고 하겠다.

　　주지하다시피 21세기는 디지털경제시대, 지식정보화시대이다. 시공時空의 패러다임이 바뀌고 주변환경의 변화가 하루가 다르게 급진전하기 때문에 이 같은 변화에 재빨리 적응하지 못하면 개인이나 기업은 물론 국가도 냉엄한 무한경쟁의 세계에서 낙오하기 십상이다. 토지, 노동, 자본이라는 전통적 생산요소보다는 과학기술과 창조적 지식의 중요성이 강조되고 종래의 관료주의적 제도나 수직적 시스템보다는 전문적 지식과 기술을 바탕으로 경쟁력과 창의력을 최대한 발휘할 수 있는 기능적 시스템을 갖추는 것이 성패의 갈림길이 될 것이다.

　　　　정부에서는 미래의 국가 경쟁력을 강화하고 육성하기 위해 6T정책을 전략적으로 추진하고 있는데 생명공학 분야인 BT, 정보통신분야인 IT, 나노기술분야인 NT, 우주항공분야인 ST, 문화컨텐츠 분야인 CT, 환경공학분야인 ET가 바로 그것이다. 그런데 이중에서 특히 IT^{Information Technology}산업은 여타산업의 발전과 변화를 주도하고 결정하는 핵심적 기능을 지니고 있기 때문에 나머지 5T의 기본적 인프라에 해당된다고 할 수 있다.

　　　　정부가 우리 경제를 재도약시킬 차세대 신성장동력 10대 과제를 선정하였는데 이중에 차세대 이동통신, 디지털 TV방송, 지능형 로봇, 홈 네트워크 등 IT관련 핵심기술들을 대거 포함시킨 것은 IT기술의 중요성을 깊이 인식하고 이를 반영한 것이라고 볼 수 있다. 지난해 우리나라 수출에서 IT부문이 차지하는 비중이 약 30%에 달하고 또한 IT부문에의 연구개발투자가 우리나라 전체 R&D투자의 20%수준에 이른다고 한다. 최근 정보통신정책연구원의 발표에 따르면 IT와 비非IT부문의 노동생산성 차이가 3배 이상 나는 것으로 조사되고 있는 현재 우리사회가 맞고 있는 각종 변화는 IT에 의해 주도되고 있다.

21세기 디지털시대의 국가경쟁력을 강화하기 위해서는 IT를 비롯한 과학기술과 지식정보분야에 대한 전략적 지원과 함께 이공계출신들의 역할을 제고하기 위한 정책이 필수적이다. 최근 이공계 졸업생들의 활약이 두드러진 가운데 이공계출신 CEO들이 많아지고 행정기관에도 이공계출신 간부나 장관들이 늘어나는 추세에 있어 다행이다. 그렇지만 아직도 전반적으로 이공계출신들을 경시하는 분위기 속에 정책결정과 관련된 주요 요직들은 인문, 사회계 출신들이 차지하는 경우가 보통이다. 이것은 이공계 출신들이 전문기술에만 집착하다 보니 거시적 안목이 없어 정책결정능력이나 경영능력 또는 행정능력이 떨어진다는 인식이 사회저변에 깔려 있기 때문으로 해석된다. 따라서 IT부문 등 이공계 분야 종사자들의 적극적인 노력과 자기계발의지가 중요하다.

2004.5. 경영과 컴퓨터 칼럼

지급결제제도의 선진화와 금융경쟁력강화

우리가 사회생활을 영위하기 위해서는 재화와 용역의 생산 소비 및 유통 등의 경제활동이 필수적이며 이와 같은 경제행위에는 대가의 지급이라는 지급결제 문제가 반드시 따르기 마련이다.

물물교환이 주를 이루던 원시사회에서는 곡물이나 조개껍질 등이 주요 지급결제수단으로 사용되었으나 화폐가 출현한 이후에는 화폐가 그 기능을 대신하게 되었다. 그 후 경제규모가 확대되고 신용사회가 날로 발전함에 따라 일상생활에서 이용할 수 있는 지급결제수단도 화폐 이외에 어음·수표, 신용카드 등으로 점차 그 범위가 다양해지면서 비장표화 되고 있다.

특히 최근에는 컴퓨터 및 전자정보통신기술의 발전에 힘입어 각종 전자지급결제수단의 개발 보급이 크게 늘어나면서 지급결제제도의 획기적 개선이 이루어지고 있다. 이에 따라 종래에는 고객이 직접 금융기관의 거래점포에 가야했고 그것도 금융기관의 영업시간 중에 가야만 지급결제에 필요한 금융서비스를 이용할 수 있었으나, 이제는 각종 전자자금이체수단의 등장으로 현금인출이나 송금 또는 잔액조회 등을 거래점포가 아닌 인근 점포에서 처리할 수 있게 됨은 물론 점외 CD기 등을 이용해 영업시간을 넘어서 까지도 고객이 필요한 금융서비스를 받을 수 있게 되었다.

뿐만 아니라 ARS나 홈뱅킹home banking 또는 휨뱅킹firm banking의 경우에는 가정이나 사무실에서도 전화, 팩시밀리, PC를 통해 계좌이체, 거래내역조회, 수표조회, 환율정보 등 금융서비스를 받을 수 있게 되는 등 대고객서비스의 질적 · 양적개선이 크게 이루어졌다.[3]

이와 같이 고객자신이 직접 금융업무를 처리하는 이른바 DIYDo It Yourself뱅킹업무의 확대는 금융기관의 지급결제 업무처리부담을 크게 경감시켜 생산성 제고와 비용절감에 크게 기여함은 물론 지급결제의 신속화에 따른 자금운용의 효율화 및 은행의 이미지개선효과를 통하여 영업기반확충과 대외경쟁력 제고에 커다란 도움을 주고 있다. 이는 전자금융이 발달한 선진국의 경우 전자자금이체방식에 의한 지급결제처리량이 증가할수록 평균처리비용이 낮아지는 것으로 실증되고 있다. 예를 들면 미국의 경우 수표처리에 드는 실질 비용이 1979년 건당 약 2.0cent에서 1994년 2.5cent로 상승한 반면 전자예금의 실질비용은 같은 기간중 건당 9.1cent에서 1.4cent로 대폭 하락하였으며 CD/ATM이용을 통한 은행계의 순이익은 1993년에 약 20억달러에 달하였다. 이는 CD/ATM의 수수료 수입이 25.5억달러, 운영비용이 29억달러, 인건비 절감효과가 23.4억달러에 달했기 때문이다. 통상 CD/ATM을 이용할 경우의 예금인출액이 은행 창구직원을 통한 예금인출액보다 적다는 점과 이에 따른 이자수익 및 이용수수료 수입, 그리고 인건비 절감 등을 고려하면 은행수익성 제고에 고객 1인당 연간 약 70달러 정도를 기여하는 것으로 나타났다

이와 같은 지급결제제도의 중요성을 이미 통찰하고 미국·유럽 등 선진국 금융기관들은 1970년대 이후의 금융자유화, 국제화에 따른 경쟁격화와 수익성 악화에 대처하기 위해 컴퓨터 및 정보통신기술의 발달을 배경으로 일찍이 금융전산망을 구축하여 지급결제시스템의 전자화 등 전자금융의 개발·확충에 지속적 노력을 기울이고 있다.

우리나라는 주요 선진국보다 뒤늦게 '80년대 후반부터 전자

결제시스템의 개발을 시작했지만, 짧은 기간에 효율적으로 추진한 결과 이제는 주요 선진국과 마찬가지로 대부분의 전자결제시스템이 구축 운용되고 있다.

최근에는 금리자유화 이후 치열하게 전개되어온 고객확보를 위한 신상품 개발경쟁이 전자금융 위주로 급속히 이전되는 양상을 띄우고 있다. 이른바 다이렉트뱅킹, 텔레폰뱅킹, 버추얼뱅킹, 사이버뱅킹 등 다양한 형태의 전자금융이 속속 등장하면서 은행간 주도권 다툼이 치열하게 전개되고 있다. 향후 금융산업은 정보통신기술의 발달이 주도하는 가운데 다양한 전자금융시스템이 등장하고 결제시스템의 국제화가 가속화될 것으로 전망된다.

앞으로 OECD와 BIS 가입 등 금융환경의 변화속에서 우리나라 지급결제제도가 보다 선진화되기 위해서는 다음과 같은 방향으로 지급결제제도정책을 추진해 나가야 할 것이다.

첫째, 자금의 결제가 보다 신속·정확하고 저렴하게 이루어질 수 있도록 전자결제시스템을 확충하고 효율성을 높여야 한다. 이를 위하여 기존 전자결제시스템의 처리능력을 지속적으로 확충하는 동시에 전자결제수단이용확대를 위한 대국민홍보를 강화해야 한다. 아울러 신용, 선불, 직불카드이용의 활성화 및 첨단 IC카드 개발 등 카드선진화, CMS시스템의 이용확대, 전자화폐의 효율적 도입방안 강구 및 개발추진 등이 시급하다. 또한 전자금융시대의 금융업은 정보화추진관련 시스템 투자에 막대한 자금이 소요되는 장치산업화가 불가피할 것이므로 컴퓨터시스템의 공동이용 또는 공동개발 등의 방안도 강구해 볼 필요가 있을 것이다.

둘째, 지급결제시스템의 안정성을 확보하여야 한다. 금융제도의 안정성을 보장하기 위하여는 개별 금융기관의 안정성 유지도 중요하겠으나 결제시스템의 리스크 관리가 더욱 중요하며,[4] 특히 일개 금융기관의 지급불능으로 인한 연쇄적 지급불능사태파급 등과 같은 시스템리스크를 방지하기 위한 제도적 장치가 마련되어야 한다. 이를 위해서는 주요국들이 이미 도입하고 있는 손실공동분담제도나 이를 뒷받침하는 사전담보제도를 도입하는 방법이 있을 것이며, 필요한 경우 은행간 신용공여한도 또는 은행별 순채무한도의 설정도 가능할 것이다. 결제리스크 감축을 위한 또 하나의 방법은 은행의 대고객 지급시점과 중앙은행 당좌계정을 통한 은행간 최종결제시점과의 시차를 줄이는 것이다. 이와 함께 전산 및 통신장애에 대비한 효과적인 안전대책의 확립, 위 · 변조 방지를 위한 데이타의 암호화기법 도입 등 부정거래방지대책이 강화되어야 한다.

셋째, 정보통신의 발전과 금융혁신은 금융권간 자금이동을 촉진시키고 결제시스템의 상호 접속을 통한 이종 금융기관간 업무제휴를 확대시킴으로써 금융기관간의 전통적인 업무영역을 변화시키는 등 지급결제제도의 발전은 금융산업개편과 밀접한 관계에 있다. 따라서 지급결제제도가 금융산업 구조조정에 적절히 대응할 수 있도록 결제시스템의 기능을 확충하고 관련제도를 개선해 나가야 한다. 아울러 이러한 금융환경 변화에 따라 지급결제제도 참가자들의 공정하고 적정한 경쟁관계를 유도키 위한 정책당국의 조정역할이 필요하다.

넷째, 국가간 결제의 증가와 국내 결제시스템에의 외국 금융기관 참여에 대비하여 국제적 정합성을 갖춘 결제시스템을 구축해 나가도록 하여야 한다. 이를 위해 국제적으로 통용되는 결제처리절차 및 양식의 국제표준화, 국가간 시차리스크 감축방안, 국가간 자금결제시 안정성 기준 마련 등 지급결제제도의 국제성을 제고시켜 나가야 할 것이며 금융부문 국제표준화기구ISO/TC68 등과의 협력도 계속 강화해 나갈 필요가 있다.[5] 끝으로 통화당국이 운영하고자 하는 통화정책 운영방식과 조화를 이룰 수 있는 결제시스템 구축이 필요하다.

전자자금이체 방식을 중심으로 한 지급결제관행과 결제시스템의 변화는 현금 및 예금통화의 수요변화 등을 통해 통화신용정책에 중대한 영향을 미칠 수 있으므로 결제시스템이 통화정책의 틀monetary policy regime과 상호조화를 이루도록 할 필요가 있다. 아울러 중앙은행의 총액결제시스템과 민간부문의 차액결제시스템이 상호 보완적으로 발전되어 나갈 수 있도록 하여야 할 것이다. 왜냐하면 총액결제시스템은 본원통화의 신속하고 안전한 이체를 보장하고 결제를 즉시 종결시킬 수 있다는 점에서 그 필요성이 강조되고 있으나 금융기관으로서는 지급준비금보유에 따른 기회비용 부담을 그만큼 안게 되기 때문에 시스템간의 적절한 조화를 도모할 필요가 있다.

96.8. 금융정보

선진사회, 천리 길도 한걸음부터

최근 들어 선진사회 구축을 위해 정부 및 시민단체 등에서 여러 가지 움직임이 일어나고 있다. 선진 일류국가 진입을 위한 대 토론회가 열리는가하면, 이를 위한 구체적 아젠다^{Agenda}와 체계적인 로드맵^{Roadmap}의 필요성이 제기되기도 한다.

선진사회란 무엇이고, 이를 선별하는 구체적 기준은 무엇일까? 1인당 소득, 수출입규모 등 경제지표가 기준이라면 세계 12위권에 속하는 우리나라는 당연히 선진국 대열에 속해야 할 것이다. 그러나 보다 더 중요한 잣대는 정치, 사회, 문화적으로 투명성과 공정성 및 신뢰성이 과연 얼마만큼 정착되어 있느냐에 달린 것 같다. 신문보도에 의하면 우리나라의 신뢰도 지수는 OECD 29개국 중 24위, 국가브랜드^{이미지} 가치는 세계 33위에 그치고 있다. 정부는 우리의 국격^{이미지}을 5년내 세계 15위로 끌어올리기 위해, 사회 각 분야의 법제도 및 시스템의 선진화를 통해 사회 각 분야의 투명성, 공정성, 신뢰성을 향상시키고 글로벌 시민의식을 함양한다는 계획이다.

그러나 선진사회를 만드는 길은 반드시 이처럼 거창한 과업을 전제로 하거나 정부주도로 이루어지는 건 아니라고 본다. 어쩌면 우리 생활주변의 작은 것부터 하나, 둘, 실천해 나가는 국민들의 자발적 노력이 보다 효과적이고 바람직할 수도 있을 것이다. 천리 길도 한 걸음 부터라고, 우리 모두 공감하는 작은 것부터 실천하고 솔선수범해 나갈 때 선진화는 의외로 더 빨리 확산되고 정착될 수 있지 않을까 생각된다. 가능한 많은 국민들의 관심과 자발적 참여를 유도키 위해, 선진사회만들기연대와 같은 순수한 시민단체들의 적극적 역할과 캠페인이 수반되어야 함은 물론이다.

이와 관련하여, 필자는 일상생활에서 우리 국민 모두가 선진화의 필요성을 평소 절감하면서도 실천하지 못하고 있는 몇 가지를 제언하고자 한다.

첫째로, 남을 배려하고 양보하는 미덕이 확산되어야 한다.

외국의 경우와 비교하면 우리국민들은 이러한 면에서 상당히 떨어진다. 교통질서, 공중도덕 등 많은 부문에서 동방예의지국이란 말이 무색할 정도로 시민의식이 실종된 경우를 자주 목격할 수 있다. 예를 들면, 고속도로 추월선에서 마냥 저속으로 주행하며 차선변경을 하지 않는 행위, 차선변경 깜박이 신호를 보내면 오히려 앞차에 더욱 붙여 끼어들지 못하게 하는 행위, 차창밖으로 담배꽁초 버리는 행위, 버스 및 지하철 승차시 줄서지 않는 얌체행위, 뒷사람을 배려치 않고 현관문을 확 놓아버리는 행위, 금연장소에서 태연스레 흡연하는 행위, 공중목욕탕에서 사용한 타월을 아무데나 던져놓는 행위 등 일일이 나열하기 힘들 정도이다. 물론 20~30여년전에 비하면 많이 개선되었다고들 하지만, 기초질서를 지키고 남을 배려하는 성숙한 시민의식이 확립되지 않아 실망스럽고 짜증날 때가 많다는 것을 우리 모두 공감하고 있다.

둘째로, 음식물 낭비를 줄여 음식문화를 선진화해야 한다. 음식물 낭비가 연간 15조원에 이르고, 하루에 배출되는 음식물 쓰레기가 1만1천397톤[4톤트럭 2천900대 분량], 동 처리비용으로 막대한 국가예산이 지출된다고 하니, 이는 사회경제적 측면은 물론 환경오염방지 측면에서도 시급히 개선되어야 마땅하다. 우리의 음식물 낭비와 쓰레기 발생의 근본적 원인은 푸짐한 상차림을 좋아하는 우리 국민들의 음식문화와[33%], 한식요리의 특성27% 및 허례허식하는 접대문화22%때문이라는 조사보고서가 있다. 따라서 간소하고 합리적인 음식문화조성을 통해 선진화를 유도할 필요가 있다. 예컨대 식단을 조절하여 음식을 알맞게 제공하고, 먹을 만큼 덜어먹는 건전한 식생활운동을 전개하되, 과거 정부주도의 유사한 정책이 실패한 점을 거울삼아 시민단체와 국민들이 자발적으로 참여하는 방안을 모색해야 할 것이다.

셋째로, 경조사문화의 선진화가 절실히 요청된다. 한해 경조사비용이 10조원에 달한다는 사실이 우리나라의 경조사 풍속의 실상을 단적으로 보여준다 하겠다. 우리 모두가 그 문제점을 지적하면서도 당사자가 되면 그대로 답습하는, 그래서 개선이 되기는 커녕 오히려 확산된다는 데에 현실적으로 문제의 심각성이 있다. 수많은 화환과 조화가 과시하듯 도열된 가운데 경조봉투 접수에 분주한 모습은 아마 우리나라에서만 연출되는 진풍경이 아닐까 싶다. 선진국의 경우 경조문화가 정말로 건전하고 바람직하다. 필자가 살아 본 영국만 해도 신문에 실리는 부고orbituary 란을 보면, 대부분의 경우 부조금을 자선단체고아원 및 양로원나 마을 교회에 기탁하도록 하고 있어 우리나라와 너무나 다른 모습에 충격과 감동을 받은 적이 있다. 우리나라도 경조문화의 의식개혁과 함께 품격높은 글로벌 시민문화가 형성되었으면 하는 바람이다.

2010.6. 선진사회만들기연대 칼럼

건전하고 성숙한 시민사회를 그리며

어느 학자는 한국사회가 '헝그리hungry 사회'에서 '앵그리angry 사회'로 바뀌었다고 하였다. 지금 우리 사회가 돌아가는 양상을 보면 적절한 지적이라고 생각된다. 불신과 비방, 증오와 분노가 넘쳐나는 가운데 건전한 사회기강은 무너지고 정신적 무정부상태를 맞고 있는 것 같아, 이래 가지고 우리사회가 향후 어떻게 될 것인지 걱정과 우려로 착잡한 심경을 토로하는 분들이 적지 않다.

요즈음은 조간신문 펼치기가 망설여질 때가 있다. 하루도 빼지 않고 서로를 물고 뜯는 목불인견目不忍見의 싸움들이 지면을 채우고 있기 때문이다.

얼마 전에는 불법 방북한 어느 목사가 상식적으로 도저히 납득할 수 없는 망발을 하였다. 참으로 어처구니 없는 궤변과 억지에 한 인간이 저렇게까지 정신적으로 세뇌되고 황폐될 수도 있구나 하는 생각에 참담한 심정이 든다. 또한 억대 연봉의 인강인터넷 강의강사들이 수만명의 어린 학생들이 지켜보는 동영상강의에서 입에 담지 못할 상소리로 현 체제를 비판하고 비하하는 발언을 내뱉고 촛불시위를 선동하는가 하면 어느 여자 강사는 군대는 살인기술을 배워오는 곳이니 되도록 안가는 게 상책이요 세계 평화를 위한 길이라 하였다니 정말 뭔가 잘못되도 한창 잘못되고 기가 막힐 노릇이다. 그들의 미성숙한 편견과 무책임한 비판이 젊은 학생들의 잠재의식에 암암리에 영향을 미쳐 편향된 이념과 왜곡된 가치관을 가져올 수 있지 않겠는가? 하기야 이런저런 이유로 병역을 피한 일부 연예인, 운동선수, 정치인들은 물론이고 군대가서 썩지 말라고 발언한 전직 대통령까지 있던 우리사회의 불편한 현실을 생각해 보면 우리나라가 이렇게 유지되고 있는게 그나마도 고마울 뿐이다.

아마 작금의 우리사회처럼 이념, 정파, 지역, 세대, 계층간에 이리저리 분열되어 대립과 갈등이 확산되고 심화된 경우는 별로 없을 것 같다. 저마다 자기주장과 흑백논리에만 목청을 돋우고 분노를 발산하며 포플리즘을 충동질하는 광기狂氣어린 사회로 치닫고 있으니 건전한 민주

사회의 버팀목이 되는 냉철한 이성과 합리적 지성은 설 자리를 잃고 그
토록 민초民草들이 염원하는 진지한 대화와 진정한 애국은 실종된 상황
이다.

정치적 대립과 이해갈등은 더 이상 말할 것도 없고 사회적으
로도 왜 그렇게 유사한 명칭의 수많은 실천연대, 진보연대, 환경단체들이
있는 것인지 그리고 기회만 있으면 친북 반미활동에 열을 올리고 주한미
군철수, 맥아더 동상철거, 광우병 촛불시위, 4대강사업반대, 천안함 사태
조작설, 친親전교조 지원활동 등을 주도하는지 그들의 본래 목적과 의도
를 이해하기 어렵다. 오죽하면 연대連帶출신들이 나라를 망치고 있다느니,
선진연대인지 후진연대인지 모르겠다느니 하는 비아냥과 조롱을 듣고
있을까?

우리를 안타깝게 하는 것은 사회 정화淨化의 마지막 보루라
할 교육계와 종교계도 이해갈등과 대립의 탁류濁流를 벗어나지 못하기는
마찬가지라는 사실이다. 학교는 보수와 진보의 대립으로 양분되어 파열
음을 내고, 교회나 사찰도 세상을 밝히는 등불이 되지 못하고 세속화되는
듯하다.

또 하나 간과할 수 없는 것은 인터넷 공간에서 벌어지는 사
회적 역기능의 문제이다. 주지하는 것처럼 인터넷 가상공간이 욕설과 악

풀이 난무亂舞하고, 이성理性이 마비된 괴담과 음모론이 급속히 확대 재생산되는 장소로 악용된다는 데에 문제의 심각성이 있다. 특히 이렇다 할 조직이나 활동수단이 없는 대부분의 NGO단체들이나 상당수 네티즌들로서는 인터넷 공간이야말로 자신들의 욕구 및 분노와 비방을 마음껏 배출할 수 있는 안성맞춤의 무대이자 해방공간인 셈이다. 따라서 무슨 이슈가 있으면 인터넷을 통해 상스러운 욕설과 무책임한 악플 그리고 한 맺힌 저주가 삽시간에 유포되어 인민재판식 여론몰이를 하는가 하면, 광우병 괴담이나 천안함 유언비어의 확산과정에서 보듯이 국론 분열과 사회적 혼란으로 걷잡을 수 없이 빠져드는 것이다.

　　어찌 보면 그동안 우리사회는 정신없이 달려오느라고 성숙成熟한 시민의식이 제대로 뿌리내릴 시간적·정신적 여유가 없었는지 모른다. 지금 우리가 겪고 있는 분노와 갈등의 파고波高가 건전하고 성숙한 시민사회를 위한 산고産苦의 진통이기를 염원한다. 선진국처럼 냉철한 이성과 합리적 지성으로 중용中庸의 판단을 하는 성숙한 시민사회가 정착되면 지금처럼 쉽사리 우리의 얼을 빼고 분열과 혼란을 조장하는 선동적 포퓰리즘이 발붙일 여지가 없어질 것이다. 이제부터 일시적 감성과 선동에 넘어가 덩달아 춤을 추는 우민愚民이 되지 말고, 냉철한 이성과 열린 마음으로 공동선을 추구하는 건전하고 성숙한 선진시민이 되도록 우리 모두 노력하여야겠다.

경제학자 알프레드 마샬이 말한 '냉철한 머리와 따뜻한 가슴 cool head, warm heart'이란 경구警句가 새삼스레 떠오른다.

2010.8. 선진사회만들기연대 칼럼

아름다운 사람은 머문 자리도 아름답다

달포 전에 동유럽여행을 다녀왔다. 독일, 헝가리, 오스트리아 등 8개국을 짧은 일정에 돌았기 때문에 그야말로 주마간산走馬看山격이었지만 보고 느낀 것은 많았다. 그 중 하나가 그들의 화장실문화다. 별로 깨끗한 편도 아니면서 대부분 유료화장실이어서 이용하는 데 불편이 많았다. 일인당 0.5유로750원 정도의 이용료도 만만찮은데다가, 잔돈계산 때문에 길게 줄을 서야 했고, 그러다 보니 급한 사람은 여간 고역이 아니었다. 우리 일행들이 이구동성으로 말했듯이, 우리 국민들은 정말 전 세계 어디에 내놓아도 손색없는 '깨끗하고 쾌적한 화장실 문화'를 누리고 있다는 생각이 절로 들었다.

불과 20~30전만 해도 우리나라 화장실특히 공중변소은 불결과 악취의 대명사였다. 아마 50대 이상의 연배年輩라면 누구나, 오물이 튀어올라 엉덩이를 더럽히던 재래식 화장실의 불쾌한 경험을 갖고 있을 것이다. 오죽하면 어느 일본인이 남대문시장의 맛있기로 소문난 삼계탕 집에서 음식을 먹다가 그 집 화장실을 보고는 그냥 되돌아갔다는 일화가 있었을까. 고교 수업시간 중이었든가 선생님의 미국여행담이 떠오른다. 미국사람들은 방안의 변기에 앉아 볼일을 보며 커피도 마신다는, 당시로는 도저히 믿기지 않았던 얘기였다. 화장실은 그 나라의 얼굴이며 문화수준의 척도라고 하던, 그래서 막연히 선진국을 동경하던 그 시절이 바로 엊그제 같은데…!

어느덧 우리나라의 화장실 문화는 세계의 화장실문화를 선도하고 있다 해도 과언이 아닐 만큼 선진화되었다. 필자가 과문寡聞한 탓인지는 몰라도 북미나 유럽, 호주 등 선진국 어느 나라의 경우에도 우리만큼 쾌적하고 아름다운 문화공간으로서의 화장실을 본적이 없다. 우리나라 공항이나 고속도로 휴게소 등의 공중화장실들은 이미 화장실이라기보다는 안락한 휴식처나 문화회관과 같은 느낌을 줄 정도다. 최첨단 수세식 좌변기와 세면기, 젖은 손을 말리는 전자건조기, 손 소독기 등을 비롯한 청결유지관리부문은 말할 것도 없고, 잔잔한 클래식 선율이 울려 퍼지는 가운데, 벽에 걸린 미술소품이나 사진, 시詩를 감상하거나 자연화분 꽃, 장식 꽃을 즐기면서 잠시나마 생활에 찌든 피로를 풀고 삶의 질을 높일 수 있으니, 그야말로 누구나 쉽게 접할 수 있는 삶의 문화적 공간이라고 할 수 있겠다.

더구나, 입석소변기 앞에 마주서면 화장실 캠페인 표어가 눈에 들어온다.

"남자가 흘려서 안 될 것은 눈물만이 아니다"
"아름다운 사람은 머문 자리도 아름답다"
"혼자 꾸면 꿈이지만 다 함께 같이 꾸면 꿈이 아니다"

이 얼마나 멋진 경구警句들인가! 다양한 의미를 함축한 몇 마디로 정곡正鵠을 찌르고 있다.

소위 넛지nudge효과의 대표적 사례로 회자되는 소변기안의 파리 스티커가 남자들의 사냥본능을 자극해서 소변기 밖으로 튀어 나가는 파편(?)을 줄이려는 것이라면, 위의 경구들은 은근히 우리들의 지성과 감성에 호소해서 교양있는 행동을 하도록 유도한다. 서양식 넛지효과가 일시적 대증요법對症療法이라면 위의 경구들은 두고두고 마음에 여운을 남기며 근원을 고치는 한의처방韓醫處方이나 생활철학과 같다고나 할까.

　우리나라의 화장실문화가 짧은 기간에 이처럼 선진화 된 것은 지방자치단체와 중앙정부행정안전부는 물론 한국화장실협회, 문화시민운동중앙협의회, 화장실문화시민연대 등이 주도해서 화장실문화 선진화를 위한 거국적 운동을 벌이고, 매년 '아름다운 화장실'공모제와 화장실품질인증제 실시를 통해 화장실의 실용성부문, 청결성부문, 창의성부문, 예술성부문 등을 평가하는 등 지속적인 노력을 기울여왔기 때문이다.

　우리들이 입버릇처럼 선진화, 선진사회 만들기를 외치고 있는데 위에서 말한 화장실문화의 선진화노력을 벤치마킹하면 좋지 않을까 생각된다. 우리 모두 합심해 생활주변의 작은 것부터 실천하고 솔선수범해 나간다면 선진화는 생각보다 빨리 확산되고 실현될 수 있을 것이다.

　우리 다 함께 선진화의 꿈을 꿀 수 있다면, 각자가 아름다운 사람이 되어 자신이 머물던 자리를 맑고 투명한 아름다운 자리로 남길 수 있다면, 선진사회는 우리 곁에 성큼 다가 올 것으로 믿는다.

2010.9. 선진사회만들기연대 칼럼

따듯한 인성과 합리적 지성교육

어느 중학교에서 수업태도가 불량한 여학생을 지도하는 과정에서 학생과 50대 여선생이 서로 머리채를 잡고 몸싸움을 벌이고 또 다른 학교에서는 남학생이 교사에게 욕설하고 폭행하는 등 무너지는 교육현장의 단면이 드러나는가하면, 여중생들이 어린이들의 다리를 불시에 걷어차 꺼꾸러지는 모습을 보며 즐거워하는 충격적인 동영상이 보도되는 등 청소년교육의 문제점이 정말 심각한 상황에 있음을 알 수 있다. 얼마 전에 만난 한 고등학교 퇴직교사는 '학생들이 선생알기를 우습게 알고 수업분위기가 엉망이어도 마땅한 방법이 없어 자괴감이 들고 한심스러워 사표를 냈다'며 교권이 땅에 떨어진 우리나라 교육풍토를 개탄하였다. 또한 술좌석에서 평소 존경하는 모 대학교수는 '요즘 젊은이들이 너무 영악하고 타산적인데다 기본예절도 없다'라며 실망과 걱정을 토로하였다.

실제로 우리 주변을 보면 길거리에서, 버스나 지하철에서, 엘리베이터에서, 식당에서, 공공장소에서 이웃을 배려하고 양보할 줄 아는 마음가짐은 고사하고 기본적 에티켓매너조차 없는 청소년들이 너무나 눈에 자주 띈다. 노약자석에 태연히 앉아 아이패드를 두드리는 젊은이들을 보노라면 '예전엔 미안한 마음이 있어 조는 척하거나 머리라도 숙이고 있었는데' 하고 안타까운 생각이 든다. 더구나 청소년들의 활동무대인 인터넷이나 휴대폰세상은 어떤가. 온갖 욕설과 비어卑語, 은어隱語가 난무하고 인터넷테러가 자행되기도 한다. 말은 곧 그 사람의 인품을, 그 사회의 성숙도를 반영하는 것이라고 하는데 과연 우리사회에 청소년 교육이 존재하고 있는지 심히 걱정스럽다.

우리나라의 미래를 책임질 청소년들이 이렇게 된 까닭은 무엇보다 가정과 학교가 교육적 기능을 상실하였기 때문이다. 정직하고 바르게 살며 예의를 지키고 이웃을 배려하는 인성교육은 자취를 감추고 오로지 경쟁위주의 기능교육과 입시위주의 주입식교육에 열중하고 있다. 이 같은 현상은 유치원서부터 대학에 이르기까지 마찬가지다. 대학교육도 지성과 학문의 도장이란 말은 이미 고전이 된지 오래고 마치 고시와 취업 준비학원처럼 되어버렸다. 따라서 청소년들이 자신의 정체성을 깨닫고 착한 심성과 인간성을 회복하여 이웃에 대한 사랑과 봉사를 실천하는 참교육을 받을 기회가 사실상 거의 없는 현실이다. '내가 정말 알아야 할 모든 것은 유치원에서 배웠다'는 로버트 풀검^{Robert fulghum}의 얘기와 달리 우리 청소년들은 불행하게도 대학을 졸업하기까지 정말 알아야 할 것을 배울 기회가 없다고 해도 과언이 아닐까 싶다.

교육기관이 그렇다면 정치, 사회, 언론 등을 통해서라도 청소년들이 배우고 본받을 기회가 있어야 되는데 안타깝게도 현실은 그렇지 못하다. 바로 엊그제만 해도 300여명의 초등학생 견학단 앞에서 국회는 욕설과 몸싸움을 보였다. 정략적 이익에만 급급한 채 스스로 법질서를 외면하는 정치인과 국회의원들, 편향적·반지성적 자기주장만 내세우며 이해와 타협을 거부하는 일부 시민단체와 운동권 단체들, 떼를 쓰면 된다는 식의 불법시위대와 두드려 맞는 경찰 공권력, 선정성이 판을 치는 불건전한 TV드라마와 연예 프로그램들 — 이 처럼 전통적 가치관과 사회기강이 무너지고 불법과 무례가 공공연한 사회적 분위기에서 청소년들의 교육적 기능을 기대한다는 것은 한마디로 넌센스다. 차라리 신문이나 TV 등 매스컴을 안보고 안 듣도록 하는 것이 오히려 청소년 교육상 바람직하지 않을까 생각될 정도다.

많은 사람들이 미국이나 유럽, 또는 일본의 청소년들이 우리들 젊은이 보다 더 순수하고 예의가 바르다고들 한다. 동방예의지국이란 말을 듣던 우리로서는 부끄러운 일이다. '나라를 사랑하는 가? 그러면 먼저 그대가 건전한 인격이 되라'고 하신 도산 안창호선생의 말처럼, 이제부터라도 우리의 미래가 달린 청소년들이 올바른 교육을 받도록 하는 것이 시급하다.

이를 위해 다음 몇 가지를 제언한다.

첫째로 가정에서, 학교에서, 직장에서, 사회에서 인성과 지성교육을 실천하는 방안을 모색하고 강구할 필요가 있다. 예를 들면 핵가족, 맞벌이 부부증가로 줄어든 부모·자녀 간 대화를 늘리고 학교에서도 홈룸또는 채플시간을 늘려 인격과 덕목을 가르쳐야 한다. 이기적, 편향적 가치관과 기능적 지식으로 무장하고 돈과 출세에 매진하는 젊은이보다는 다소 능력이 떨어져도 따뜻한 마음과 합리적 지성으로 더불어 살 줄 아는 젊은이들을 등용하고 우대하는 사회적 분위기와 취업제도를 만들어야 한다.

둘째로 학생인권조례나 학교체벌금지가 중요한 게 아니라

학교선생들이 열정과 자긍심을 갖고 교육에 전념하도록 교권을 확립하고 제도화하는 일이 중요하다. 미국에선 가장 존경받는 직업중 하나가 초·중학교 교사라는 말은 시사示唆하는 바가 크다.

셋째로 정치지도자, 사회지도층, 교육자, 시민단체들이 청소년들에게 본이 되는 언행을 실천하고, '동방예의지국에서 세계예의지국으로' 나가는 교육운동을 촉구하고 나설 때다. 국제적 소양을 갖춘 인재양성이야말로 21세기 글로벌사회가 요구하는 바람직한 교육이기 때문이다.

2010.12. 선진사회만들기연대 칼럼

연고주의와 공정한 사회

음악감독 박칼린의 리더십이 장안의 화제다. 오합지졸의 아마추어 '남격^{남자의 자격}합창단'을 불과 두 달 만에 우수한 합창단으로 조율해 가는 과정이 매우 감동적이고 인상적이었다. 그녀가 남격합창단을 지휘하며 오디션과 연습과정, 전국합창대회 본선까지 진출하며 보여준 열정과 카리스마의 리더십은 월드컵 4강을 이끈 히딩크 감독이 그러했듯이 리더에 따라 한 조직이 어떻게 변화되고 발전하는지를 여실히 보여주었다. 그녀는 말한다. "난 인성과 조화^{팀웍}를 중시한다. 나는 목표를 정하면 밖에서 어떤 게 날아와도 무시한다"라고. 만일 히딩크나 박칼린이 한국인이었다면 과연 우리 사회의 연고주의에서 벗어나 소신껏 개개인을 선별하고, 제대로 리더십을 발휘할 수 있었을까 하는 생각이 든다.

요즘, 젊은이들의 인기프로인 '슈퍼스타 K'는 미국에서 폭발적 인기를 끈 가수발굴 오디션 프로그램인 '아메리칸 아이돌'의 한국판이다. 그런데 심사위원 투표에서 높은 점수를 얻은 출연자가 시청자투표에서 탈락하는 경우가 있는데 이는 편협한 지역주의 때문이라는 지적이 있다. 그런가 하면 현재 실시중인 국정감사 현장에서 TK역차별 이슈가 불거지면서 이를 정치권과 일부 언론이 지역주의 바람으로 슬슬 부추기고 있다는 소식이 전해진다.

우리 사회는 아직도 혈연, 지연, 학연 등의 끈을 우선하는 연고주의縁故主義가 만연하다. 객관적 원칙이나 합리적 능력평가보다는 어느 지역, 어느 학교, 어떤 부처 출신이냐가 우선기준이 되고 자기들끼리 똘똘 뭉친다. 특정부처나 고시출신들의 패거리 문화, 정실인사, 법조삼륜의 유착관행이 다반사다.

평소엔 국민의식의 선진화를 역설하다가도 정작 투표할 때는 '우리가 남이가!' 하는 정서에 쏠려 특정후보에 몰표를 주며, 선거후에는 보은성報恩性 인사, 보복성 인사가 공공연하다. 직장에서도 업무능력보다는 줄서기, 줄타기에 능한 사람이 '이것이 진짜 실력'이란 듯 잘 나가는 풍토다. 공기업, 금융기관, 연구소, 대학 등에서 유행처럼 실시하는 공모제公募制도 특별한 연고나 배경 없이 순진하게 나섰다가는 들러리서기 십상이다. 공명정대한 인사를 위해 도입된 제도가 실상은 '눈 가리고 아웅' 식이 되어 무늬만 공모제라는 것이 일반적 인식이다. 어디 이뿐인가? 우리 사회는 하다못해 병원 입원실이나 장례식장 예약도 끈이 없으면 안 된다는 것이 상식처럼 되어 있다.

이 같은 연고주의는 우리나라의 정치, 경제, 사회, 문화의 각 분야에 깊이 뿌리박고 있어 갈등과 분열, 부정과 비리를 조장하고 건전한 경쟁풍토와 공정한 사회발전을 가로막는 커다란 장애가 되고 있다. 우리 국민의 70%이상이 한국사회가 불공정한 사회라고 보는 이유는 바로 이 같은 연고주의로 인해 국민 신뢰도가 낮은데 근본원인이 있다고 생각된다. 붕당과 당쟁을 일삼다가 외침에 시달리고 나라를 망친 우리의 불행한 과거 역사도 바로 연고주의의 병폐 때문이 아니었던가.

물론 연고주의가 프로야구단이나 동창회처럼 애향심, 애교심 등 정서적 유대나 친화적 분위기를 통해 인간관계를 개선하고 소속감과 단결력을 높이는 등 긍정적 기능도 있는 게 사실이다. 그러나 바로 이런 속성이 파벌적, 배타적 행태를 야기하여 사회갈등을 조장하고 공평성과 합리성을 저해시켜 사회통합을 저해하는 심각한 역기능을 초래하는 게 문제다. 외국에도 연고주의nepotism가 없는게 아니다. 그러나 우리 국민은 서구적 개인주의나 합리적 가치관보다는 유교적 가족주의 및 권위주의와 함께 비합리적, 감정적 성향이 강해 연고주의에 쉽게 빠져들고 그에 따른 병폐가 유달리 심한 경향이 있다.

최근 이명박 대통령이 제시한 '공정한 사회' '공정한 경쟁'이 제대로 성공하려면 무엇보다도 우리 사회에 만연한 연고주의를 타파하는 것이 급선무다. 이를 위해 능력과 실적위주의 공정한 인사가 이루어지도록 실효성 있는 객관적 기준과 합리적 원칙을 정하고 관련법규 및 제도를 보완할 필요가 있다. 그러나 가장 중요한 것은 고위공직자와 사회 각계각층의 지도자들로부터 솔선수범해서 연고주의에서 벗어나 공평무사公平無私하게 일을 처리하겠다는 의식과 의지를 확립하는 일이다. 그러면 국민신뢰도가 오르고 일반시민도 다 따라가기 마련이다. 글로벌 시대, 다문화 경쟁사회에서 우리나라가 발전하려면 하루빨리 연고주의라는 미망에서 벗어나 공정사회, 선진사회가 되도록 다 함께 노력해야 한다.

2010.10. 선진사회만들기연대 칼럼

기부와 나눔의 문화가 확산되려면

이번 겨울엔 이웃을 돕는 온정의 손길이 예년보다 뜸한 모양이다. 북한의 연평도 도발사건으로 사회분위기가 스산하고 불안해진 데다 사회복지공동모금회의 비리로 불우이웃을 돕는 마음들이 식어버린 탓이 아닐까 생각된다. 연말에 일부러 백화점을 찾아가 보았다. 크리스마스라 그런지 쇼핑객들로 붐비고 넘치는데 백화점 정문 앞 구세군의 자선냄비는 썰렁하고 초라해 보였다. 춥고 배고픈 불우이웃들은 따뜻한 관심과 나눔의 손길이 절실할텐데 온정의 손길이 얼어붙고 있어 '이러다가 기부문화 싹이 채 자라기도 전에 말라죽는게 아닐까'하는 우려의 목소리가 높다.

우리나라는 영국의 자선구호재단CAF이 세계 153개국을 대상으로 평가한 2010년 기부지수에서 81위를 기록할 만큼 기부문화가 부실하다. 동 기부지수는 기부금 액수가 아닌 기부활동, 즉 '돈을 기부한 적이 있나' '봉사활동을 한 적이 있나' '낯선 이를 도와준 적이 있나' 에 초점을 맞춘 것이 특징인데, 우리나라의 기부비율은 경제규모세계 12위, 웰빙지수 세계 60위를 감안할 때 미국 및 서유럽국가들에 비하여 현저히 떨어지는 것으로 분석되고 있다.

작년 12월에 발표된 기부문화단체인 아름다운 재단의 조사 결과에 의하면 우리나라의 1인당 평균기부액은 18만2천원2009년으로 미국의 1인당 기부액수 113만원2006년, 캐나다의 35만원2004년과 비교해 보면 소득수준차를 고려하더라도 상당히 낮은 편이며, 기부자의 24.2%가 정기기부자로 나타나고 있어 정기기부자가 70%에 달하는 미국과는 크게 대조를 이룬다.

실제로 우리 사회의 기부문화실태는 개인보다는 기업위주의 기부와 기부금 영수증 받기에 급급한 게 현실이며, 개인의 경우 순수한 자선기부보다는 경조사비와 종교적 헌금의 비중이 훨씬 높다. 사회복지공동모금회의 자료2009년 기준에 따르면 우리나라의 기부참여도는 기업59%, 개인23%, 사회종교단체11%, 공공기관7%의 순으로 되어있어 미국의 기부자유형인 개인83%, 재단13%, 기업4%과 대비됨을 알 수 있다. 기부문화풍토가 취약한 우리 사회에서 그나마 기업기부가 많은 것은 고무적이지만 이는 개인기부가 적은데 따른 구성비의 상대적 증가현상이기도 하다. 개인기부자의 면면을 좀 더 자세히 들여다보면 대부분 평범한 일반서민들이고 재벌총수나 사회지도층 등 저명인사, 국회의원 등의 경우는 찾아보기 힘들다는 것이 기부단체들의 공통된 설명이다. 예를 들면 글로벌 구호단체인 월드비전에 의하면 연간 일천만원 이상의 고액후원자 가운데 연예인, 기업인 등 사회 저명인사 비율은 9%인데 반해 일반인 비율이 91%에 달한다고 한다.

잘 알려진 것처럼 미국의 경우 빌게이츠, 워런버핏, 마크 주커버그 등 억만장자들이 개인자산 기부에 앞장서 우리를 감동시키고 있지만 우리나라에선 기업총수들이 회사돈이 아닌 사재를 털어 기부행렬에 동참하는 사례가 거의 전무한 실정이다. 작년에 사재 331억원을 기부한 이명박 대통령과 신영균, 김장훈, 문근영, 박상민 등 일부 연예인들의 기부활동을 제외하면 사회지도층이나 저명인사들의 기부실천은 아직은 '먼나라 이야기' 일뿐 기부행위의 실천은 언제나 일반서민들의 몫이라는 것이 우리사회 기부문화의 실상이다. 이를 반영하듯 OECD 30개 회원국 중 사회지도층의 기부활동 실천여부를 평가한 노블레스 오블리주 항목에서 우리나라가 꼴찌를 차지했다고 하지 않던가.

　　　선진국 사회의 기본 덕목으로 자리 잡고 있는 노블레스 오블리주Noblesse Oblige는 사회지도층이 기부활동, 봉사활동, 병역의무 등 도덕적 의무를 솔선수범함으로써 국민을 통합하고 국가발전에 헌신하는 것을 의미한다. 우리나라가 사회갈등을 해소하고 공정사회를 구현하려면 사회지도층과 저명인사들이 앞장서서 노블레스 오블리주 정신으로 기부 행위와 봉사활동에 나서지 않으면 안 된다. 엊그제 김영삼 전 대통령이 50억 상당의 전 재산을 사회에 기부한 것처럼 재벌총수들과 사회지도층 인사들이 솔선수범해서 다양한 방법을 통해 기부실천에 앞장선다면 온 국민이 절로 동참하게 될 것이며 기부문화도 제대로 뿌리내릴 것이 분명하다.

　　　그래서 꼭 하나 제안하고 싶은 것이 있다. 필자가 살아 본 영국의 경우 유족들이 신문에 부고訃告, Orbituary할 때 부조금은 자선단체고아원 및 양로원나 교회에 기부하는 것이 생활화되어 있어 크게 감동 받은 적이 있다. 우리나라의 경우 경조사 기부액이 무려 10조원을 넘는다고 하는데 정치인과 사회지도층, 부유층들부터 솔선해서 그들이 받을 결혼 축의금이나 장례조위금을 기부단체나 자선단체에 아낌없이 기부하는 모습을 보였으면 좋겠다. 그렇게 되면 우리사회 전반으로 기부를 통한 나눔의 문화가 확산되면서 사회갈등이 치유되고 국민들의 신뢰도가 높

아져 우리 모두가 그렇게 염원하는 공정사회의 실현이 앞당겨질 것으로
확신한다.

2011. 1. 선진사회만들기연대 칼럼

정보화사회가 지닌 양날의 칼

'무바라크 키파야Kifaya, 물러나라'를 외치는 시민들에 의해 이집트의 30년 독재정권은 결국 무너지고 말았다. 전국적으로 수백만 명에 달하는 휴대폰 사용자들이 페이스북과 트위터를 통해 시위를 호소하고 데모를 하면서 일반 시민과 지식인들이 가세하여 세상을 바꿨기 때문에 M모바일혁명이니 소셜 네트워크서비스SNS의 거사擧事니 하고 신문마다 연일 보도된다.

정보통신혁명에 따른 정보의 자유로운 이동은 사회적으로 네트워크형 조직을 촉진하고 개방체제를 유도하며 정보가 경제적, 정치적 힘의 원천이 될 것이라고 내다 본 미래학자들의 예측이 맞다는 것이

다시금 입증된 셈이다. 멀리는 구소련, 동유럽, 중국의 폐쇄사회 붕괴가 정보혁명의 민주적 잠재력을 보여주었고, 가까이는 우리나라의 젊은층들이 모바일을 이용한 세勢결집으로 노무현 정권을 태동시키고 광우병 시위를 확산시키는 등 SNS의 위력을 여실히 보여주지 않았던가.

정보의 자유로운 이동과 확산은 권력집단의 힘을 약화시키고 그들의 통제력과 체제기반을 무너뜨릴 위험성이 크기 때문에 폐쇄적 사회일수록 이를 억제하고 정보의 네트워크를 차단하려는 속성이 강하다. 진시황의 분서갱유, 크메르정권의 문맹정치를 비롯해 파시즘, 나치즘과 공산주의체제가 모두 그러했다. 그들은 오히려 통제와 감시의 네트워크를 통해 조지오웰의 '빅 브라더'와 같은 통제된 사회를 만들려 했던 역사적 사실을 우리는 기억하고 있다.

정보통신기술 못지않게 수세기 전에는 인쇄기술의 발명이 정보의 이동과 확산을 촉진하는 핵심적 역할을 했다고 역사학자들은 말한다. 새로운 인쇄술의 대량 보급이 지식과 정보의 광범위한 확산과 유통을 촉진하고 일반대중의 정보접근을 용이하게 함으로써 종래 사회변혁을 가로막았던 장애물들이 붕괴되면서 르네상스와 산업혁명을 낳고 군주체제의 몰락과 민주주의의 발전을 가능케 한 것이다.

그렇다면, 정보화 사회는 자유 민주주의를 촉진시키는 장밋빛 미래를 보장하는 걸까?

'정보지배사회의 도래cybercracy is coming'의 저자 데이비드 론펠트David Ronfeldt 박사는 그렇지 않다고 단언한다. 정보화 사회는 양면의 칼날을 갖고 있어 어느 쪽에 가까울지는 전적으로 사회구성원들의 몫이라는 것이다.

성숙한 민주국가에서는 정보화가 자유를 실현하고 삶의 질을 개선하며 정치적 선택의 폭을 넓히겠지만, 그렇지 못한 곳에서는 대중의 사고를 순치馴致하고 갈등을 조장해서 반민주적 목적으로 이용할 가능성이 있다는 것이다.

작년에 미국 시사주간지 뉴스위크가 소개한 '지난 10년간 인터넷 발달로 사라진 14가지'를 보면 그 중에 "사실fact의 실종"과 "프라이버시의 침해"가 끼어있어 주목을 끈다. 인터넷을 통해 근거 없는 거짓정보들이 넘쳐나고, 이런 거짓정보와 왜곡된 사실들이 버젓이 진실로 둔갑해서 일반 대중은 물론 지식인들조차 의식과 판단을 흐리게 하여 광기어린 집단행동으로 치닫게 하는 정보화 사회의 역기능을 우리는 뼈저리게 체험한 바 있다.

정보통신혁명이 우리나라의 사회, 경제 및 정치에 미친 영향은 지대하다. 금융과 전자결제의 발달을 촉진시키고 산업기술과 경쟁력을 획기적으로 증진시켰으며, 수평적 네트워크의 커뮤니케이션 기능을 촉진해서 사회적 역동성과 직접 민주주의의 가능성을 엿볼 수 있는 기회를 제공하기도 하였다. 그러나 온라인을 통한 욕설과 악플 그리고 무책임한 주장이 범람하고 그것이 삽시간에 오프라인 세상으로 확대 재생산되면서 극심한 사회적 혼란과 국론분열을 조장하는 등 부정적 영향이 적지 않음을 간과할 수 없다.

따라서 정보화 사회가 지닌 양날의 칼 중 순기능을 살리기 위해서는 론펠트의 말처럼 우리 사회가 하루빨리 성숙한 선진민주사회로 정착되어야 한다. 냉철한 이성과 합리적 지성으로 공동선을 추구하는 풍토가 뿌리내려야 한다. 그렇지 않으면, 사회구조와 군중심리의 취약성을 교묘히 이용해 사회분열과 혼란을 조장하고 선동적 포퓰리즘이 활개를 치는 역기능의 결과가 더 커질지도 모른다.

국가적 위기와 성숙한 시민의식

오래 전에 요하힘 부블라트Joachim Bublath의 저서 '우주의 비밀'을 읽고 충격을 받은 적이 있다. 우리는 시간이 흐르는 것처럼 느껴지고 과거, 현재, 미래가 존재하는 것처럼 생각한다. 그러나 이는 인간의 관념적, 환상적 산물이며 실제로 자연과학적 세상은 물리적 운동만 있을 뿐 시간의 흐름이나 경과는 존재하지 않고 과거와 미래의 구분도 없다. 따라서 타임머신을 타고 '백투더퓨쳐back to the future'에서처럼 시간여행이 가능하다는 것이다.

더구나 지구로부터 1억 5천만 킬로미터 떨어져 있는 태양빛이 지구에 도달하는데 8분정도 소요됨으로 우리가 보고 있는 현재의 태양은 실제로는 8분전 과거의 모습이고 밤하늘의 수많은 별들도 실상은 몇 백년 전, 몇 광년 전의 과거 모습에 불과한데, 우리는 이를 현재처럼 인식하고 있다는 것이다! 그러니 과학 문외한의 머리로서는 여간 놀랍고 혼란스러웠던 게 아니었다.

이번에 일본열도를 강타한 대지진과 해일쓰나미이 가져온 엄청난 재앙을 보면서 문득 우리가 살고 있는 지구와 우주 그리고 인간의 존재란 무엇인가? 라는 생각과 함께 위의 책 내용이 새삼스레 떠올랐다. 산더미같은 검은 파도가 삽시간에 모든 것을 휩쓸어 간 대자연의 위력 앞에서 인간이, 아니 인류문명과 과학발전이 얼마나 무력하고 미약한 것인지를 절감하면서 말이다.

이번 지진은 대륙판인 유라시아판과 해양판인 태평양판이 움직이는 과정에서 맞부딪쳐 충돌하며 일어난 현상이라고 한다. 이러다가 지진과 화산폭발이 잦은 일본열도가 영화 '일본침몰'에서처럼 정말 언젠가는 바다 속으로 가라앉는 게 아닐까하는 상상을 해본다.

과거 수십억년 간 대규모 지각변동을 수없이 반복하면서 융기와 침식을 해왔던 지구가 다시한번 크게 요동을 치기 시작하면 바다가 육지가 되고 육지가 바다로 뒤바뀌는 천지개벽이 일어나지 말란 법이 없지 않을까 생각된다. 물리학자들의 빅뱅과 블랙홀이론은 물론이고 때마침 마야 달력, 노스트라다무스의 종말론, 수메르문명의 미스테리mystery

등이 화제가 되는 가운데 지구 곳곳에서 지진과 화산폭발이 점차 빈발하는 조짐을 보이고 있어 지구의 종말을 그냥 기우杞憂로 돌릴 수만도 없을 것 같다.

잘 아는 것처럼 우리나라도 지진안전지대는 아니라고 한다. 더구나 우리는 북한의 전쟁도발과 핵무기 위험까지 도사리고 있지 않은가. 만일 우리에게 대지진과 같은 미증유의 재난이 일어나면 어떻게 될까?

좁은 땅덩어리에 아파트공화국이라는 말을 들을 만큼 수많은 고층아파트와 빌딩들이 내진耐震설계도 제대로 안된 채 밀집해 있는데다, 평소 기본질서유지와 재난대비훈련이 미흡한 우리의 현실을 돌아볼 때 참으로 상상만 해도 끔찍할 정도다.

불시에 들이닥친 대지진과 쓰나미로 전쟁터를 방불케 하는 국가적 위기 속에서도 일본 국민들이 보여준 성숙한 시민의식은 감탄을 넘어 경이로울 정도다. 생사를 가늠 못할 극한상황에서 약탈과 방화, 사재기가 없었던 것은 물론이고 몇 시간씩 줄을 서서 기다려도 불평 한마디 없었다니 말이다. 아마 우리나라 같았으면 난리났을 것이다. 외신들도 '인류정신의 진화'라는 표현을 써가며 찬사와 놀라움을 표하지 않았는가.

슬픔과 감정을 절제하고 남을 배려하고 질서를 지키는 그들의 '메이와쿠 가케루나남에게 폐 끼치지 마라' 정신은 정말 본받을 만하다고 생각되며 특별히 우리 국민에게 강한 인상과 문화적 충격을 주지 않았나 싶다.

이번 사태를 보면서 필자가 안타깝게 생각한 게 하나 있다. 일본의 지진피해를 돕기 위한 성금모금과 구호품 지원에 적극 동참하는 우리 국민의 열성과 진지한 모습에 감동하면서, 왜 정작 우리의 도움이 절실히 필요한 북한동포한테는 이 같은 온정溫情을 전할 수 없을까 하는 것이다. 이제라도 호전적 북한정권이 평화공존의 진정한 의지를 갖고 글로벌화에 동참한다면 우리 국민의 아니 지구촌 모두의 따뜻한 도움이 쓰나미처럼 밀려들 텐데 말이다.

End Notes

1 SPAPS는 Strategic Partnership Alliance with Pioneer Spirit의 약자로 해외 IT시장공략을 위한 전략적 파트너쉽 공동사업체를 말하며, 현대정보기술 등 11개 벤처업체가 참여하고 있다.

2 연간 지급결제규모의 대 GDP비율은 2010년 70배로 증가하여 일평균결제거래액을 4~5일분 합치면 연간 GDP 규모가 된다.

3 2000년대 초반까지만 해도 금융서비스의 이용채널이 주로 은행창구텔러(43%)였으나 이제는 인터넷뱅킹(35%), CD/ATM(38%)의 순으로 은행고객들의 서비스이용행태가 크게 바뀌었다.

	창구텔러	CD/ATM	텔레뱅킹	인터넷뱅킹
2010. 9	13.8%	38.3%	12.5%	35.4%
2001. 6	43.3%	36.5%	14.3%	5.9%

4 지급결제시스템의 리스크에는 신용리스크, 유동성리스크, 시스템리스크와 같은 금융리스크와 위·변조리스크, 운영리스크와 같은 비금융리스크가 있다.

5 ISO/TC 68은 International Organization for Standardization/Technical Committee 68(Financial Service)의 약자이다. 국제표준화기구의 금융전문기술위원회를 가리킨다.

이유 있는 추천

몇 년 전부터 이던가 법정^{法頂}스님의 '산에는 꽃이 피네'란 수상록을 침대 곁에 두고 읽다가 잠이 드는 습관이 생겼다. 청빈^{淸貧}의 도^道와 삶의 본질^{本質}에 대한 주제를 쉽고 간결한 수필체로 풀어쓴 이 책을 읽다 보면 나도 모르게 절로 명상적이고 구도자적인 분위기에 빠져들어 마음이 맑아지고 영혼의 갈증이 풀리는 것 같다.

스님은 말씀하신다. "온갖 욕망과 집착으로부터 벗어나 삶의 본질적 가치와 진정한 자유를 추구하면서 사랑과 지혜에 가치의 척도를 둘 때에 우리는 모든 것으로부터 자유로워질 수 있다"고 말이다.

요즈음처럼 디지털시대, 지식정보화시대, 무한경쟁시대 속에서 살고 있는 우리에게 이 책은 분명한 메시지를 전달한다. 잡다한 정보와 지식의 홍수에 휘말리지 말고 이를 선별해서 받아들이고, 조용히 자신의 내면^{內面}을 관찰하는 기회를 통해 삶의 의미^{意味}가 무엇인지 지금 자기가 어디에 있는지를 부단히 생각해 보라고 말이다.

또한 이 책에는 '이 세상은 우리의 필요를 위해서는 풍요롭지만 탐욕을 위해서는 궁핍한 곳이다'라는 메시지와 함께 만족할 줄 모르고 항상 남과 비교하면서 정신적으로 초라하고 궁핍해진 우리의 메마른 영혼을 일깨우고 치유하는 효과가 있는 것 같아 좋다.

책에서는 현대인은 모두가 세속적인 일에 급급하며 영합하고 있다고 지적하면서 대학에서도 학문의 진정한 의미나 지식인의 사명 같은 것은 점차 사라져 버리고 모두가 컴퓨터만 들여다보는 기계화된 인간이 되고 있음을 안타까워한다.

그러면서 무한경쟁을 치르지 않고서도, 초일류가 되지 않고서도 얼마든지 잘 살 수 있고 행복해질 수 있다고 역설한다. 그것은 지식보다는 지혜를, 물질적 풍요보다는 정신적 풍요를, 화려하고 성공한 외형적 삶보다는 조촐한 삶과 드높은 영혼을 추구하는 길이라고 알려 준다.

스님의 말처럼 별이 빛나는 밤하늘을 보면서도 행복할 수 있고 저녁노을을 보면서도 행복을 느낄 수 있는데 우리는 너무 세속적인 데에 길 들여져 있어 오직 큰 데서, 거창한데서, 물질적인 데서만 행복을 찾으려다가 주어진 행복을 놓치고 마는 것이 아닐까?!

책에서 소개한 '물속의 물고기가 목말라한다는 말을 듣고 나는 웃는다'고 한 인도의 시인 까비르Kabir, 1440~1518의 비유처럼 진리와 행복은 바로 우리 자신 속에 있는데도 우리는 이것을 모른 채 정신없이 달리고 헤매다가 결국 허망虛妄한 삶을 끝내는 지도 모를 일이다.

이 책은 꼭 처음부터 읽을 필요가 없다. 손에 잡히는 대로 어디서부터 읽더라도 좋다. 하루 일에 지쳐 심신이 피곤하거나 모든 일이 여의치 않을 때 또는 자신의 모습을 조용히 성찰省察하고 되돌아보고 싶을 때 읽을 것을 추천한다.

내가 좋아하는 구절네덜란드 명상화가, 프레데릭 프랑크을 마지막으로 인용해 본다. "진정한 예술은 예술이라는 것 너머에 있고, 진리는 종교라는 울타리 밖에 있으며, 사랑은 껴안는 행위 너머에 있다."

2005. 8. 단국대 신문 칼럼

탁승호

경제학박사, 공인회계사

서울대학교 상대, 미국 밴더빌트대학원, 연세대 대학원에서 수학하고, 카이스트 최고정보경영자과정 (AIM)을 수료하였다. 한국은행, 금융결제원 임원, 단국대학교 교수(카드연구소장 겸임), 국민대학교 교수를 역임했다. 현재 금융연수원 겸임교수, 한국지급결제학회 회장, 선진사회만들기연대 운영위원 등을 맡고 있다. 저서로는 『신용카드가맹점수수료의 이해』, 『전자결제발전이 발권, 통화정책에 미치는 영향』, 『알기 쉬운 전자화폐이야기』, 『전자화폐와 결제시스템』, 『투자결정이론』 등이 있다.

돈이 MONEY?-디지털머니로 여는 접속의 시대

초판인쇄 ｜ 2011년 5월 15일
초판발행 ｜ 2011년 5월 20일

저 자 ｜ 탁 승 호
펴낸이 ｜ 안 종 만
펴낸곳 ｜ (주) **박영사** / 박영북스
　　　　｜ 1959. 3. 11.　제300-1959-1호(倫)

주 소 ｜ 서울특별시 종로구 평동 13-31번지
전 화 ｜ 02-733-6772
팩 스 ｜ 02-736-4818
이메일(문의) ｜ pys@pakyoungsa.co.kr
홈페이지 ｜ www.pakyoungsa.co.kr

ⓒ탁승호, 2011

ISBN 978-89-6454-157-9　03320

정 가 ｜ 15,000원